ジェンダーと身体

解放への道のり

川本玲子＝編著
Reiko Kawamoto

ジェンダーと身体――解放への道のり／目次

Ⅱ　男性の身体——期待されるパフォーマンス

Ⅲ　身体を超えて――想像力が切り拓く可能性

【凡例】

一．引用文献のページ数は（　）内に示し、日本語文献の場合は漢数字、英語文献の場合はアラビア数字とした。

一．註は章ごとに通し番号を（　）で付し、章末にまとめてある。

一．各章の引用・参考文献も章末にまとめてある。

序　ジェンダー化された身体の行方

川本 玲子

身体とは何か。

それは命の運搬手段であると同時に、お仕着せの衣装でもある。自己を表現する広告塔であり、それを護り隠す鎧でもある。人はこれを鍛え、その隆起のたくましさや凹凸の美しさを誇示し、互いに崇め、称賛する。より注目を得たり、怖れをかきたてるために、髪や目や爪や、ことによっては肌の色すら変え、随所に穴を開け絵柄を描き込んで、それを飾り立て、偽装したりもする。

あるいはそれは、私たちを閉じ込め窒息させる牢獄であり、病や事故、暴力の記憶を刻み、その忘却を許さない負の記念碑でもある。私たちは時にこれを憎むあまり、薬や酒で毒し、飢えさせたり肥満させたり、意図的に傷つけ血を流させたりし、あげくの果てに、走る電車の前に放り出しさえする。

私たちは体というものを、たいていは持て余している。自分のものであるようで違う、制御の利かない何かだと感じている。そして、その感じは実際、正しくもある。よく言われるように、私たちの体は、いろいろな意味で私たちの「言うことを聞かない」。誰でも怪我や病気、妊娠や老いを経験すれば、それがいかにあっという間に自分にとって異質な、得体の知れない物体に変わってしまうかを実感するだろう。しかし、それとはまた別の意味で、私たちの身体は、完全に私たちのものではない。

性同一障害と呼ばれる状況にある人々においては、自己の身体は、それが宿す心とちぐはぐな、誤った容れ物として認識される。あるべきでない身体部位《ボディ・パーツ》の存在、あるいは逆に、あるべきものの不在が、その人の性自認に逆らって対外的に虚偽申告を働くということは、しばしば極端な異常事態として受け取られがちだ。確かに、性転換手術などの侵襲性の高い医療行為を健康な身体に施すことが——事前に慎重な検討と準備がむろん必要であるにしても——望ましく適切であり得るという点で、それは特殊な事情だといえよう。しかし、自らの身体的性別に違和感を持たない人でも、社会が毎日のように平然と投げかけてくる「おまえは男か女か」という問いにあらためて向き合うなら、その裏にある傲慢な決めつけや意地の悪い勘ぐり、身勝手な期待への反発を覚えることもあるだろう。「器」である身体に、たった二種類しかないラベルのどちらが付されるかによって、その「中身」のあり方があらかじめ規定され、価値づけられることへの違和感は、誰もが時には抱くものではないか。

ただし、私たちの身体に宿り、それを司り動かしていると感じられる、このもやもやした「中身」——それを心または意識と呼ぶにせよ、魂や精神と呼ぶにせよ——もまた、身体の一部である脳が作り出す現象だというのが、今日では（少なくとも科学的知見が宗教のそれよりも優位を占める文化においては）共通の認識となっている。一部の脳科学研究では、脳もまたジェンダー化され、学術書と素人向けの娯楽的書物のどちらでも、男性脳と女性脳というコンセプトが積極的に打ち出され、その差異が強調されてきた。しかし、複数の研究者が指摘するのは、女性脳は共感や言語、マルチタスクに長け、男性脳はロジックや空間認知やシステム構築が得意だといった「発見」の大半は、実はMRIが発明されるずっと前から存在したジェンダー・ステレオタイプを強化すべく、科学的データに「読み込まれた」ものにすぎないということだ。

わかりやすくジェンダー化された脳という幻想を支えるのは、「生物学は運命だ（Biology is destiny）」という古い言い回しに凝縮される思い込み、つまり男女の能力——とくに女性の能力——には、経験や努力といった後天的な要素のいかんにかかわらず、生まれつき限界が決まっており、人の生は、性差によってはじめから結果が見えている出来レースのようなものだという考えである。だが実際には、脳のもっとも驚くべき特徴とは、その可塑性、すなわち周囲の状況に応じて柔軟に変化するという性質に他ならず、それは私たちの身体が置かれる環境、そして生きる経験によって、日々形作られていく。

しかし前述のように、私たちの身体は、完全に自分のものではない——少なくとも、私たちが社会に生きる限りは。それは本人の意志とは関係なく姓名という符号を振られ、状況によっては番号さえ振られて、監視され、管理される。そればかりか、他人の手によってもてあそばれ、痛めつけられ、値踏みされ、売り買いされるモノにまで貶められたりする。そして、つねにその価値を軽んじられるのは、周縁化された人々、あるいは社会的弱者の身体なのだ。ことに女性の身体は、男性の期待や欲望を投影するスクリーンとして——あるいはヴァージニア・ウルフに言わせれば、男性を現実の倍ほども大きく映し出してみせる鏡として――ずっと機能してきた。

職場で忙しく立ち働く女性に、痛くて歩きにくい、踵の高い靴を履くように要求すること。まだあどけない未成年の少女の裸同然の写真を、何の悪びれもなく、万人の目に触れる場所にわざわざ掲げること。大学入試で組織的な不正を働いてでも、医療の場から女性を閉め出そうと画策すること。凶悪な性暴力行為の被害者となった女性に対して、そのとき身につけていた衣服や下着、飲んだ酒の量について執拗に問いただし、無知や不注意を責め、演技や嘘を疑って、より深い辱めを与えること。こうした理不尽な扱いを導くのはつねに、女性にこうあってほしい、こうあるべきだという父権制社会の願望や執着であり、その狭く偏った女性像からはみ出し突出するような女性の身体のあり方は、(二〇世紀半ばまで続いた中国の纏足や、今でもアフリカなどの国々で行なわれている女性器切除といった陰惨な風習が具現化するように)有無を言わさず出来合いの型に押し込められ、あるいは切り捨てられてきたのだ。

性被害に遭った女性がそれを犯罪として告発し、加害者を糾弾することが、その人や家族にとって恥であるばかりか、あたかも筋違いな行為であるかのように長年扱われてきたのは、女性の身体が(「キズモノにされる」という醜悪な表現が示すように)「生きた消費財」と見なされ、女性がその正当な所有者としての主体性と権利を否定されてきたからだ。米国の著名な女優たちによる声明が注目され、世界中に波及した、性暴力経験者が「私も《ミー・トゥー》」と名乗りを挙げて団結する運動は、自分自身の身体を取り戻そうというかれらの強い意志表明である。

では、男性の場合はどうなのか。身の置き場から身の振り方に至るまで、つねに厳しい監視と制限を受けてきた女性に比べれば、大きな自由を謳歌してきたように思えるかもしれない。しかし昨今では、既存のジェンダー像について、男性側からも不満が表明されつつある。いわゆる「フェミ」（ジェンダーやフェミニズムの問題に意識的な女性の総称として使われる、悪意の短縮語である）に怒る男性の言い分としてよく聞かれるのは、女性が「家に入る」――仕事を辞め、専業主婦になる――かどうかを自分で決められるのに対し、男性にはそのような選択肢は与えられないというものである。確かに今日の日本においても、妻が主たる稼ぎ手となる家庭の専業主夫はもちろんのこと、仕事よりも家事育児を優先する男性をも「男以下」と見なすような文化は、まだまだ生きている。また、非正規雇用で収入の低い男性は、世帯を支えるのに十分な経済力を得られず、ゆえにいわゆる婚活市場に参加できないという意味で、やはり「男以下」であるという自意識を植え付けられもする。

男性の価値がいまだに収入ではかられ、専業主夫が差別される現状は、男性の身体が労働と競争の場に属するものと考えられてきた長い歴史と地続きである。（なお、労働と競争に暴力という要素をあわせた戦争という場においては、男性の身体もまた無造作にかき集められ、死に向かって放り出される消耗品と化してきた。）しかし、多くの女性が今日でも「家に入る」ことを望む大きな理由は、外で働く女性が男性以上に搾取の対象となりやすく、低賃金で悪条件の労働に追いやられがちだからだ。その一方で、家庭こそが女性にとって最もブラックで危険な職場になり得るという事実も、依然として変わっていない。そうした状況を変えていくには、「男対女」という対比と対立の構図を過剰に強調したり、あるいはまた「女の敵は女」といった無根拠な言説をしたり顔で説いて、そうした類型的なジェンダー表象を裏支えする構造的不平等から目を逸らさせる社会のあり方こそを、まずは見きわめ、見直さねばならないだろう。

＊　＊　＊

本書の目的は、ジェンダーの諸問題とはフェミニストと女性だけの懸案事項《ビジネス》ではなく、芸術、文学、スポーツ、その他のメディアやエンターテイメントを含む文字通りの各種商業《ビジネス》にも浸透しているという事実を示すことにある。ジェンダーをめぐる偏見や先入観は、性別や年齢、政治的信条にかかわらず、誰もが何らかの形で日常的に触れ、無意識のうちに取り込み、消費している。まずはそれを可視化しないことには、議論を始めることさえできない。以下、本書の内容について簡単に紹介したい。

まず第一部「女性の身体——許される居場所とふるまい」は、時代が移り変わるなか、さまざまな場で新たな意味を獲得していく女性の身体とその表現をテーマとしている。小岩信治「一九世紀ヨーロッパの音楽界における楽器と身体——ピアニスト、クララ・シューマンの音楽活動を中心に」は、一九世紀に天才ピアノ奏者として、また卓越した作曲家として名を馳せたクララ・シューマンをとりあげ、彼女や他の女性音楽家たちが直面した当時の社会の偏狭な女性観を解説し、クラシック音楽界において女性に与えられたきわめて限定的な役割と領域を、シューマンがその精力的な活動を通じて押し広げていった可能性について考察する。また小泉順也「絵画が捉えた女性を取り巻く社会的変化——エドガー・ドガとメアリー・カサットの作例から」は、ドガとカサットが描いた女性を題材とする絵画を細部にわたって観察し、また展示時の状況や当時の批評とあわせて検証することで、一九世紀末における女性（と男性）の地位や立ち位置を鋭く読み取り、それまでの時代と比べて彼女たちの行動の自由度が増していたことを指摘する。早坂静「「ポスト」新自由主義的ジェンダー再編――『イン・ハー・シューズ』から『花子とアン』へ」は、タイトルにあるハリウッド映画と日本の連続ドラマを、新自由主義が求める女性像に迎合あるいは反発する度合いにおいて批判的に比較分析し、自由意志の概念が貧困に直面する女性労働者たちをむしろ追い詰めるいきさつについて論じている。そして南裕子「中国都市の「広場舞の女性たち」――公共空間で踊ることの意味」は、中国の公園や広場で見られる、主に中高年の女性たちによる「広場舞」に焦点を当てる。この年齢層の女性たちが毛沢東時代の動員に従って、つまり男性の意思決定に沿って踊っていた歴史をひもときつつ、今日の彼女たちが多少なりとも取り戻した身体的・思想的主体性の輪郭をあぶり出す。

第二部「男性の身体――期待されるパフォーマンス」では、映画、スポーツ、文学を題材に、「男らしい男」のイメージとその政治的意味の変遷について考察する。河野真太郎「コミュ力時代の男たち――障害、男性性、クリップ」は、かつて生産と労働の場で求められていた寡黙でマッチョな男性像に代わる、新自由主義時代の男性像のあり方を、コミュニケーション能力の欠如と非身体性という観点から分析する。坂なつこ「スポーツと「男性性の保護区」の変容」は、従来のスポーツにおける身体観がジェンダーや健常性をめぐる権力構造を助長しつつ正当化してきた経緯を概観し、今世紀に入ってようやくスポーツ的身体文化における多様性が広まりつつあること、男／女や健常／障がい者の区分を取り払うような新しい競技のあり方が模索されていることに注目する。川本玲子「フォード・マドックス・フォード『パレーズ・エンド』における男性性と身体」は、フォードの小説において主人公の男性に見られる身体と心の矛盾、そして男女の恋愛関係に内在する嗜虐性を、特に英国の上流階級における伝統的な男性性の概念による制約にからめて論じる。越智博美「ラストベルトの生――炭鉱と男性性の幻想」は、アパラチア地域の炭鉱の男たちの生活と、貧困と暴力に満ちた彼らの「山出し《ヒルビリー》文化」を描くタウニ・オデールの小説『コール・ラン』をとりあげ、炭鉱産業の終焉と男たちの失業が、彼らの男性性の喪失を意味することを明らかにし、そこから来る怒りや焦りが白人至上主義や移民排斥主義にそのはけ口を求めていく様子を考察する。

第三部「身体を超えて――想像力が切り拓く可能性」では、ジェンダーと身体をめぐる諸問題を新たな視点と切り口でとらえる、創造的な新旧のエンターテイメントのあり方を考える。柏崎順子「女形を通してみる江戸のジェンダー」は、江戸社会でのジェンダー観を考察する材料として、庶民の娯楽として発展した歌舞伎に注目し、出雲の阿国の歌舞伎踊りから美少年の若衆歌舞伎、遊女歌舞伎への変遷をたどり、当初は男女の役者による性的倒錯とエロティシズムを特徴とする見世物だったものが、最終的には男性が立役と女形に分かれてより複雑で奥行きのあるジェンダー表象を行なう現代歌舞伎へと進化していく過程を解説する。川本玲子「共感と視点――ハナ・ギャズビー『ナネット』と未完の物語」は、オーストラリアのコメディアンであるギャズビーによるパフォーマンスをとりあげ、ＬＧＢＴＱを含む周縁化された個人の物語の歪曲や矮小化と、かれらに対する共感の欠如との関係を、野矢茂樹の哲学を参照しながら探っていく。河野真太郎「ケア労働と代理母出産の「ユートピア」」は、ディズニー映画『アナと雪の女王』等の文化的表象に見られる、ポストフェミニズム時代における再生産労働の外注化や女性間での分業問題に着目し、加えてテレビのドキュメンタリー番組や漫画を題材に、代理出産と女性の連帯の可能性というテーマを掘り下げていく。

＊　＊　＊

本書は二〇一七年度に一橋大学で開講された連続講義「ジェンダーから世界を読む」を元にして編まれた論文集であり、一九九六年から断続的に出版されているこのシリーズの第七弾にあたる。執筆陣は社会科学と人文科学をまたぐ多様な専門領域の研究者である。本書を通して私たちが目指すところは、専門的な知識をもたない学部生たちをジェンダー研究の入り口に導くと同時に、学内外の同僚たちに他分野の研究動向を知る機会を提供することでもある。もちろん、学生や研究者に限らず、どなたにも気軽に手にとって読んで頂ければ幸いである。

本書のタイトルには、社会的に構築される固定観念から自由になる身体をイメージして、「解放」という言葉を使った。しかし実のところ、私たちはそうした固定観念をいわば肌に刻み込み、内面化しているのであって、鎖を断ち切るようにそれを脱ぎ捨てることは、容易ではないだろう。そうだとすれば、私たちがイメージすべきなのは、むしろ「脱皮」なのかもしれない。社会の期待や欲望を刻み込まれた肌は、私たちの自我と不可分であるように感じられる。しかし、しかるべき時が来れば、表皮は静かに剥がれ落ちていき、その下からは、より強くしなやかな身体が現れるのではないか。身体は新旧の思想の闘いの場であり、変化の場であり、新陳代謝の場なのだ。

＊　＊　＊

最後に、本書の出版を快く引き受け、的確な助言とあたたかい励ましを与えて下さった小鳥遊書房の高梨治さん、そして諸般の事情で編集・校正スケジュールが大幅に遅れてしまったにもかかわらず、辛抱強く待って下さった執筆者各位に、この場を借りて心からのお礼を申し上げたい。

川本　玲子

I

女性の身体——許される居場所とふるまい

第一章　一九世紀ヨーロッパの音楽界における楽器と身体
――ピアニスト、クララ・シューマンの音楽活動を中心に

小岩　信治

はじめに

一橋大学でのリレー講義「ジェンダーから世界を読む」を担当して履修者の反応に接してみると、この講義で扱われるほかのさまざまなトピックの場合と比べて、音楽活動や音楽文化にかかわるジェンダーの問題は学生にあまり意識されていないことがわかる。それは一方で、音楽に関する、そして音楽と社会についての授業がこの大学で足りていないことについて反省を迫られる契機であるが、他方で、音楽とそのような「社会問題」を関連づけることに今日の日本の学生が慣れていない、という全体的な状況と関係しているようにも思われる。「音楽ですか？　政治とかと切り離して純粋に聴きたいなと思います。」そのようなコメントが、学生が自然に話す場に立ち会うとすらっと聞こえてくるような大学生活においては、音楽が「中立」であると前提してその先のことを想像したりすることがない、というのが、多くの学生の日常かもしれない。

実際のところ、つい半世紀ほど前には身近に存在した、音楽の世界における「女のもの」「男のもの」が、いつのまにかその姿を消している、ということもある。かつてはエレキギターは男性性の表出などと議論できたが、女子がギターを背負って街角を歩いているのを見たからといって特異に感じる人が今やいないなか、そのような議論は過去のものとしてむしろ歴史研究の対象であろう。また、かつて吹奏楽のとくに金管楽器は男子の世界であり、そこでは先輩後輩の上下関係がすさまじく、今日であれば処分が下るような一気飲みの強制すら珍しくなかった。けれども今や吹奏楽女子は、早くから多数を占めるようになった木管楽器セクションに加えて、金管楽器の奏者としても自由闊達に活動し、実際プロの奏者も増えていった。こうして、若者が身近に感じうる「音楽の世界の男性性・女性性」が薄まっていくと、「音楽におけるジェンダー」の問題を自分のこととして体験することなく、「ジェンダーから音楽の世界を読む」ことが机上の「お勉強」に留まるのが自然なのかもしれず、それを理由に「最近の若い人たち」を責めるのは酷というものであろう。

そのようななか、「クラシック音楽」の世界で中心的な位置を占めるだけでなく、広くキーボードの一種ととらえれば今日の音楽生活において音楽を象徴する楽器と言ってもよいピアノの場合、その文化史において男性性や女性性が問題になってきたことに、読者の想像は及ぶだろうか。ピアノを弾く行為に男も女も関係ない。そのように考えるのが、若者に限らず今日では普通であろう。本稿ではこの問題を、一九世紀にヨーロッパで活躍したドイツの音楽家でピアニスト、そして二〇一九年に生誕二〇〇年という大切な記念年を迎えたクララ・シューマン（一八一九～九六）を中心に考えてみよう。

一九世紀の中部ヨーロッパにおいて、「クラシック音楽」と呼ばれる音楽が営まれてきた脈絡で、音楽活動と文化的な性の意識の問題とが繋がっていたことは、とりわけ冒頭で述べたような今日の学生には想像しにくいかもしれない。けれども、そしてだからこそ、一見「中立的な」文化活動においても自然化されてしまった慣習のなかに、文化的な性差が固定化していた、そしてその残滓が今なお存在する可能性があることに注目し、そのような気づきを得る経験を積んでいくことが大切である。本稿はそのような意図のもと、先行研究の内容との重複をおそれず、シューマンというユニークな音楽家と彼女をとりまいていた音楽界について考えてゆくものである。右のような気づきを得るための機会がそうしてわずかであれ増えることが、問題の所在を理解する人が増えることに繋がるからである。（なお「シューマン」と言うときには一般に彼女の夫となったロベルト・シューマンのことを指すが、本稿では彼のことをファースト・ネームである「ロベルト」、クララ・シューマン、旧姓ヴィークのことを「シューマン」と表記する。）

二〇〇二年にユーロ通貨が登場する前、ドイツ連邦ではマルクという貨幣単位が使われており、一〇〇マルク紙幣に印刷されていた肖像はシューマンのものであった。当時のドイツにはこれより高額の紙幣として、二〇〇、五〇〇、一〇〇〇マルク札があったので、「クララ・シューマンのお札」は最高額紙幣であったわけではない。けれども当時のドイツの主要都市での物価をざっくり想像したとき、また二〇〇マルク以上のお札の流通量が少なかったことに鑑みても、一〇〇マルク札は間違いなく「日常出会う最高額紙幣」であり、ちょっと生活用品を買うときにはお釣りが多くなるためにレジで煙たがられる「大金」であって、日本の一万円札のような存在感を放っていた。そのような大切な紙幣のシンボルがシューマンだったのである。一九八九年に登場したこの紙幣の裏面にはグランドピアノが、そして表面を含めたさまざまなスペースには、彼女が活躍した都市の一つであるライプツィヒの風景が描かれていた[1]。

シューマンはなぜ、「音楽の国」で人々が日々出会う紙幣に歴史上の偉人として登場することになったのか。結論を先取りすれば、音楽の世界においても女性にさまざまな制約が課されていた時代において、彼女は音楽家として、そのような不自由のなかで、さまざまな悩みのなかで生きていたのであり、後世はそのような世界で戦った彼女の生涯を評価しているのである。

一　女性の楽器、男性の楽器

フライア・ホフマンの『楽器と身体――市民社会における女性の音楽活動』（原書一九九一、邦訳二〇〇四）は、シューマンが生きた一九世紀において、音楽文化活動のさまざまな局面で、女性の身体というボディと音楽を演奏するための楽器というボディがどのように見られ、関連づけられていたのか、そして女性の音楽活動が明示的にあるいは暗示的にどのように規定されていたのかを明らかにした。ホフマンが示す一九世紀の資料からは、今日では決してそれ自体公の場で問題視されないようなことがらが、楽器とジェンダーの関係において――男性優位の目線から――パブリックな場で主張されていることがわかる。ここでは、今日の本邦の学校吹奏楽では女子奏者が大多数を占めるクラリネットと、現代では世界的に見ても多くの女性奏者が活躍するチェロについて、一九世紀の「頑な」男たちの見解を見てみよう。

クラリネットを演奏する女性ヴィルトゥオーゾはたいへん珍しい。この楽器や、他の管楽器および弦楽器は、「女らしくない」といわれるのが通例である。［中略］クラリネットなどの楽器はどうしても、女性美を高めるには不適当な姿勢を必要とし、顔の筋肉を引きつらせるからである。（ホフマン、四五）

これは一八四二年にヴィーンでカロリーネ・クレーマーという奏者が演奏したときに当地の『総合音楽新聞』に掲載された記事の一節で、注目すべきはホフマンが強調しているように「演奏のできばえに言及するより先に」この部分が書かれていることである。この楽器の場合に限らず、女性の演奏中の「しかめっ面」は、おそらく男性の場合よりもはるかに厳しく、批判された。

女性の楽器選択を制限するそのような考え方は、一九世紀中頃に突然始まったのではなく、前世紀からの長い伝統であった。ホフマンは一七八四年の「演奏における女性の服装について」という論文を参照することで、その著者カール・ルートヴィヒ・ユンカーの、おそらく当時決して奇妙とは受け取られなかった考え方を明らかにしている。

> しっくりこないという感覚は、身体の特定の姿勢と女性が守るべき立ち居振舞いの間の不調和［強調は原文］から生じることもありうる。このこともまた、第二の性である女性にのみ該当する。［中略］一人の女性がチェロを弾いている。その際、彼女は二つの好ましくない状態を回避することができない。一つは、高音部（駒の近く）を奏するときに、上体が前方へ傾きすぎて、胸が圧迫されることである。二つ目は足の位置で、これは本来彼女が呼び覚ましてはならないようなイメージを多くの人々に呼び覚ましてしまう。ワカルヒトニハコレデジュウブンダロウ［原文ラテン語］。（ホフマン、二二五）

つっこみどころ満載のこの引用部分の最後、著者がラテン語に逃げて説明していないところには、楽器とりわけチェロが人間の体を模しているという前提がある。演奏する女性のボディと楽器のボディが公衆の面前で絡み合う姿を、この文献学者にして牧師、さらに作曲家であった「おっさん」は到底容認できなかった。

これに対して、女性に「許された」楽器が鍵盤楽器とくにピアノの演奏であった（同じ鍵盤楽器でもパイプオルガンは足を開くゆえに不可だった）。ピアノなら、「手を動かす以外は、足を閉じて、優美に座った姿をとり続けることができた」（ホフマン、三五）。そう、ピアノは女性の理想の身体イメージを実現できる楽器と見なされたのである。

二　女性のレパートリー、男性のレパートリー

ピアニスト、といえば今日では、「女性ピアニスト」も「男性ピアニスト」も想像できるだろう。確かに未成年のピアノ教育の世界に目を向けると女子がたいへん多いことは事実だが、プロのピアニストとなると男性の存在が目立つ。東京藝術大学音楽学部器楽科の男女比は概ね一対二から二対三の間を変動しているのが近年の状況で、男子の数が女子を上回ることはない。他方「クラシック音楽」の情報誌『ぶらあぼ』の、たとえば本稿執筆時最新の二〇一八年九月号の「ＰＩＣＫ　ＵＰ」欄で紹介されているピアニストの紙面の大きさを積算すると、男女比は概ね五対二である。ただしそれでも今日では「女性ピアニストが希である、珍しい！」などという印象を抱いたり、そもそも女性がピアノ演奏を職業としていることに特段注目することはないだろう。

現在のこのような状況を作り出している要因についてはさまざまな考察が可能であるが、ここではとりあえずそれが、シューマンがピアニストとして生きた時代から継承されている部分もあるとはいえ、職業的な女性ピアニストが社会的に広く認知されているという点で彼女が生きた一九世紀とは決定的に違うということを確かめておきたい。

確かにピアノは一九世紀から女性の楽器であった。けれども、広く知られているとおり一九世紀は、ピアノを弾く男性スターが次々と現れた世紀でもあった。フランツ・リスト（一八一一〜八六）はかの時代を象徴する最右翼の存在だと思われるが、同じ世代にはフェーリクス・メンデルスゾーン・バルトルディ（一八〇九〜四七）、ジギスムント・タールベルク（一八一二〜七一）、ウィリアム・スタンデイル・ベネット（一八一六〜七五）、続く世代にはアントン・ルビンシテイン（一八二九〜九四）、カミーユ・サン＝サーンス（一八三五〜一九二一）など、中欧・東欧・ロシアを含め汎ヨーロッパ的にピアノの（男性の）達人がつぎつぎと登場したのである。なお、コンサート活動という点では彼らほど華々しくはなかったが、「ピアノの詩人」フレデリク・ショパン（一八一〇〜四九）のような「ピアノ専門ミュージシャン」が誕生するのも一九世紀である。

こうして「偉大なピアニスト」として男性の名声ばかりが記録・記憶される世界において、時に明示的に、また暗黙のうちに存在していたのが、女性にふさわしい楽器ピアノに関する、女性にとって「ふさわしいレパートリー」や「ふさわしくないレパートリー」の区分であった。たとえば今日の「クラシック」のピアニストが（今日では男女関係なく）しばしば取り上げる、ピアノ独奏のための「ソナタ」というジャンルがある。その創作点数は一九世紀を通じて次第に減っていく。その過程を西原稔は次のように説明している。

ピアノ・ソナタの不人気は、音楽そのものの大衆化と深く結び付いていた。その最も大きな要因に女性があったことは指摘しなければならない。そして面白いことに、ジャンルによる男女のいわば棲み分けのようなものが生じてくる。つまり本格的なピアノ・ソナタは男性の領域であって、女性が演奏すべきジャンルではない、という風潮ができあがり、女性が演奏していい作品は舞曲や、［オペラの］アリアの主題による愛らしい変奏曲、ワルツやノクターンといった性格小品に限定されていくのである。（西原、一二一－一二二）

女性のレパートリーの代表例、というより「一九世紀最大のミリオンセラー」（西原）は、テクラ・ボンダジェフスカ（一八三四～六一）というポーランド出身の早世の女性作曲家による《乙女の祈り》である。わが国ではゴミ回収車の接近や、駅でホームドアの開閉のお知らせの音楽になっているが、そもそもはすてきな男性との出会いを夢見る女心を表現する曲として、まさに空前のヒット作となった曲である。それは女性のための曲であり、女性に弾かれることを男性が歓迎した（西原、一一七以下）。女性が弾くべきはこうした曲であった。(2) そして、こうした「軽音楽」と対照的に、ソナタなど「重厚な芸術作品」や、ピアニストがオーケストラと対決するダイナミックな（＝「男性的な」）ピアノ協奏曲とりわけルートヴィヒ・ヴァン・ベートーヴェン（一七七〇～一八二七）の作品は、女性が不用意に演目に選ぶと批判された。(3)

無理もない。女性がピアノを弾くことを求められたのは、芸術によって何かを主張するためではなく、また専門的な技能を示すためでもなく、まずは「装飾品」としてであったからだ。西原は、エチュードの作曲家として知られているカール・チェルニー（一七九一～一八五七）の言葉を紹介している。

とりわけ女性にとってピアノほど美しく立派な装飾品はありません。そしてこの装飾品は自分を飾るばかりではなく、ほかの多くの人びとにとって上品で肩のこらない楽しみとなり、格段の上達を遂げればその優秀さは世間に認められます。（西原、一一八）

シューマンはそのような時代、まさにホフマンの著作の副題にある「市民社会」において、プロのピアニストとして、女性として例外的に名声を博し、またそもそも男性の領域とされていた作曲を続けた。シューマンがそのような人生を歩むことがかの時代にいかに困難であったか、つぎにそれを素描しながら、一九世紀の音楽界・ピアノ界におけるジェンダーの問題をより具体的に見てみよう。シューマンの音楽活動はむろん、《乙女の祈り》を弾いて家庭の「装飾品」となって男性の期待に応えた女性のそれとは全く異なる。しかしその歩みのなかに、逆にシューマンほどの人でも直面し、悩まざるを得なかった当時の（男性による）女性観があぶりだされることになろう。

三　クララ・シューマンの音楽活動

一八一九年にピアノ教師フリードリヒ・ヴィーク（一七八五〜一八七三）の娘として生まれたクララは、父の優秀な弟子として、そして天才ピアノ奏者として、幼少のころから名をはせた。そして周知のように父のピアノの弟子であったロベルト・シューマン（一八一〇〜五六）と、父の反対を押し切って結婚、シューマン姓を名乗ることになる。

しかし今日「クラシック音楽」業界では彼女より知名度の高いロベルトは、まずピアノ演奏においてこの九歳年下の女性に全く敵わなかった。そのことを示すエピソードの一つが、ヴィーンで一八三〇年に出版されたショパンの作品二についてのものである。この曲はショパンが、モーツァルトの有名オペラ《ドン・ジョヴァンニ》の二重唱〈手をとりあって〉の旋律をもとに作曲した変奏曲で、たいへん技巧的で難易度が高く、それをよく知る人には演奏不可能と見なされるほどだったが、この曲を演奏して広めたのがクララ・ヴィークだった。「クララのこの曲の卓越した演奏は、一八三〇年代のドイツ語圏におけるショパンのイメージ、そしてヴィルトゥオーソとしての彼女自身のイメージを決定づけることになった。」(Klassen 2009, 113) 確かに彼女にとってもこの曲は難しく、譜読みに一週間「も」かかった。しかしロベルトは同じ曲を何週間かけて練習してもものにすることができず、九歳年下の少女との演奏力の差を見せつけられてピアニストとなる夢を打ち砕かれることになる(Klassen 2009, 76)。

若い頃からピアノ演奏のスターだった彼女は、ロベルトの交響曲（つまり、芸術性は高いもののどちらかといえば難解な音楽で集客しにくい）をとりあげるコンサートで、いわば「客寄せパンダ」としてさまざまな演目で出演したりしている。一八四一年三月三一日、ライプツィヒ・ゲヴァントハウス・ホールでの演奏会では、のちにロベルトの傑作の一つに数えられ、「春」というニックネームで知られることになる《交響曲》（第一番、変ロ長調作品三八）が初演されたが、それは妻たるシューマンが何度も出演するプログラムによって成り立っていた催しである（小岩　二〇一二、八二）。もう一つ、演奏者としての彼女の晩年の仕事として、ベートーヴェンのピアノ協奏曲、とりわけ、そのダイナミックな音楽ゆえに英語圏で「皇帝」と呼ばれるようになった《第五番》の奏者として高い評価を受けたことを挙げておこう。先述のとおりベートーヴェンのとりわけこの曲が、「雄大」で「男性的な」音楽と見なされていたことを考えれば、シューマンがその奏者として認められることがいかに特異であるか、そしてそれが彼女への賞賛を裏付けていることが明らかである。

シューマンは早くから第一線のピアニストであっただけではない。たとえば、そのピアノの華麗な技巧を活かした《ピアノ協奏曲》イ短調作品七は一八三三～三五年作曲、一六歳のときに完成させたもので、三五年にゲヴァントハウスでの演奏会で、メンデルスゾーンの指揮のもとで初演された。[4]そしてこの作品七のほか、ピアノ独奏曲はもちろん、ドイツ語歌曲（リート）など、出版に至った作品の番号は二三に達し、それらのほかに生前未出版に終わった作品が三〇点ほどある。出版された作品のうち、右の《ピアノ協奏曲》のほか、《ピアノ三重奏曲》ト短調作品一七も傑作に数えられよう。「ソナタ形式とポリフォニックな書法を熟知して」（Reich）書かれた作品である。[5]後年シューマンは主に演奏者として評価されることになるが、それは自身が作曲家であり、作曲家としてロベルトをはじめとする他者の創作を理解できる力を備えていたことが大きい。

作曲家としてのクララは、ピアニストとしてのクララと分かちがたく結びついている。彼女は作曲家として、「ニュアンスに富んだ響き、曲の性格、着想豊かな旋律」などに加えて、「旋律の絡み合い、興味をそそる展開、機知に富んだ予想外の組み合わせ、細部に宿る感情」といった要素が盛り込まれた作品に魅力を感じていた。これはまた、ピアニストとしてのクララが厳密に再現しようと努めたものでもある。クララはまた、作曲家の目を持って、音にせよ、フレーズにせよ、あるいはまた発想記号にせよ、そのひとつひとつを真摯に受けとめ、それぞれのもつ表現や感情、意味について常に考えていた。（シュテークマン、一七一）

しかしシューマンは、ピアニストとして、そして母として多忙な生活のなかで作曲を継続しようとするものの、結局のところ作曲が女性の領分ではないと考えるに至ったようにみえる。「女性には作曲できないという社会通念を、クララは分かちもっていたのだ。『いくら否定したくとも、作曲する女性は自分が女性であることを争えない』」（シュテークマン、一三七）。

先述のとおりシューマンは演奏者として早くから高い評価を得て、夫が世を去ったのちもヨーロッパ各地でピアノ演奏の巨匠として名声を博する。しかしそのような時期においてなお、演奏者として評価される際にも、他ならぬその卓越した演奏によって、女性である事実から逃れられない。

クララは批評家たちから賞賛を博したが、そうであればあるほど、男性の批評家たちを困惑させた。それは彼女が不屈の強さを持ち、独自の境地を築き上げた個性的な芸術家だったからというばかりではない。クララが女性であるという、この事実そのものが彼らを混乱させたのである。（シュテークマン、一六六）

しかしながらシューマンに女性であるという事実を突きつけ続けたのは、彼女の最大の理解者であるはずの夫ロベルトその人であった。彼の言動には、我々が先にユンカーに見た男性中心主義が、才能ある女性と結ばれたゆえのコンプレックスと結びついて現れる。

［ロベルトは、］芸術家であると同時に自分の妻となるこの女性に対して、自らの期待をはっきりと伝えていた。「君は僕に多くのインスピレーションを与えてくれるだろう。そもそも僕は自分の作品をもっと頻繁に聴くことができるようになる。それだけでも僕は、もう充分意欲をかきたてられるよ」。でも、「君が外で演奏することをきっぱりとやめてくれたら、僕が密かに抱いている最大の願いがかなうことになるのだが」「頭をボンネット［原註：中世に既婚女性が被った帽子］で包み、ベルトに鍵束をぶら下げた」芸術家とは、いったいいかがなものだろうか。いずれにせよ彼は「男はとにかく女の上に立っているものなんだ」という考えの持ち主だった。（シュテークマン、七三）

今日で言うモラハラ夫の創作を支え、[6]彼の創作にインスピレーションを与え、早世した一人のほか七人の子どもを育てつつ、彼女自身の旺盛な演奏活動、加えて作曲活動を継続したことは、驚異と言ってよい。シューマンは夫の作品を中心とする音楽芸術に徹頭徹尾身を捧げた。なぜこのような夫、嫉妬深く、アルコールにも依存し、プライドは高く、しかも自殺未遂のあと精神病院に入院し、コミュニケーションが成り立たないまま息を引き取る夫から逃れなかったのか。それはシューマンにとって夫が理想の音楽芸術を生み出す存在だったからであろう。

そのことを示すシューマン晩年の活動を二つ挙げよう。

一つは、夫の《ピアノ協奏曲》イ短調作品五四の演奏である。五六年のロベルトの死後まもなく、シューマンは演奏活動を（残された子どもたちを養うために）再開する。そしてロベルトの多くの作品が、作曲者亡きいま、彼を最もよく知るピアニストであるシューマンによって知らしめられていくわけだが、この作品はオーケストラを伴い、またソリストである彼女が必然的にフォーカスされる点で特別であった。先述のとおり、後年のシューマンのこのジャンルのレパートリーにはベートーヴェンの《第五》（「皇帝」）があったが、こちらは他にも多くのピアニストがとりあげていたわけで、作品の全ヨーロッパ的な普及へのシューマンの貢献の度合いは、ロベルトの作品の場合圧倒的であった。[7]ロベルトの生前、四五年にシューマンをソリストとして初演を迎えたこの作品は、一九〇〇年までの間に各地で一九〇回演奏され、そのうち一〇〇回以上でシューマンが独奏者を務めた。こうしたことからこの曲は、初演の指揮者フェルディナント・ヒラー（一八一一〜八五）に献呈されたにも拘わらず、「クララの協奏曲」として知られることになった（Appel, 211f.）。[8]この作品は、作曲者が亡く

なる直前の五六年のロンドンでは、

まだ違和感をもって受けとめられることが多かったが、だからといって、繰り返し演奏することを控えるつもりは［シューマンは］全くない。その結果、この曲は七〇年代には彼女の弟子たちのみならず、たとえば［アントン・］ルビンシテインのようなピアニストたちによっても演奏されるようになっていく。（シュテークマン、一四二）

第二に、楽譜校訂の業績がある。シューマンが晩年に傾注した領域は教育活動であり、一八七八年からは当時新設のフランクフルト音楽院の初代教授の一人として後進の指導にあたった。それとほぼ平行して彼女が進めたのが、教育・普及活動の一環とも言える、ロベルト・シューマン作品の全集楽譜の校訂である。このプロジェクトは九三年までかかって完結する。音楽の場合、それぞれの楽曲の後世における評価は、どのような楽譜が伝わっているかによるところがある。もちろん作曲者本人が出版した楽譜があるケースは多いが、時を経て作曲者の意図が伝わりにくくなっていることも多い。シューマンは、夫の作品が適切な楽譜によって残されるよう、夫の死後音楽家としても私人としても大切な存在となったヨハネス・ブラームス（一八三三〜九七）と協力して、全曲の楽譜校訂という地道な作業を完遂した。

クララは演奏家として、彼［＝夫］の作品を広めるという使命感を彼の生前から持っていた。

この使命感はローベルトの死後、ますます強くなった。クララの活発な演奏活動は、『ローベルト・シューマン全集』（一八七七年〜九三年）および彼のピアノ曲の教育版（一八八三年着手）の編集と並んで、彼が作曲したものを自分が演奏し、広めるという使命感の表れでもあった。（玉川一九九九、一一九）

そこには、夫への愛情に加えて、音楽芸術の世界における彼の作品の価値に対する揺るぎない信頼を読み取ってよいだろう。こうして、家庭内のさまざまな困難と相対しながらも、夫の生前も死後も変わらずすぐれた音楽、その実現としての夫の作品のために働き続けたその姿に、その後も多くの人が敬意を抱き、魅せられたのである。

おわりに

玉川が総括的に述べているように、シューマンは「理想に燃えて出発したはずの近代市民社会が、その矛盾をさまざまに露呈していく一九世紀という時代を、最初から最後まで生き抜いた人物であり、その生の奇跡には深く時代が刻印されている。」（玉川　一九九九、一〇四）[9]

一九世紀のドイツ語圏など中欧の音楽界において確認できる女性観・男性観は、確かに、シューマンのような傑出した存在をもってしても簡単には変わらなかった。けれども、世紀後半になると女性ピアニストが音楽学校に増えていき、ピアノ科は「女性の園」と化していった（西原、一二四）し、先に紹介したように音楽学校の卒業試験で、批判にさらされながらもベートーヴェンなどの、演奏するのが難しく「男性的な」協奏曲作品が女子学生によって少しずつ演奏されていったことを考えると、シューマンに新時代のロールモデルが次第に見出されるようになったと解釈できるのかもしれない。

時代が下って今日の日本では、この原稿を執筆している最中にも、女性の芸術表現を「女性の活動ゆえに」認めない男性の言動が報じられている。しかし、確かに今日の女性ピアニストたちは、職業的なピアニストに限っても存在感を放っており、シューマンが直面したような、女性ゆえに被る評価を受けることは、彼女が生きた一九世紀よりは少なくなった。「クラシック音楽」の世界にその種の見方がなお残存している例は、たとえば「女性指揮者」だろうか。ともあれ一九世紀を生きたシューマンの生涯とその活動は、音楽界における女性性・男性性の問題が、彼女のような超人的な人物でさえ乗り越えられなかった大問題であると同時に、そのような一人一人の活動の積み重ねによって、解消こそ簡単ではないものの変化しうることをはっきりと示している。

◉註

（1）なお、女性がドイツの紙幣に登場するのはこれが初めてではなかった。すでに第二次世界大戦後まもないドイツ連邦（西ドイツ）で、一九四八年の紙幣のいくつかに女性像が見られ、その後六一年の二〇マルク札には一五～一六世紀に生きたエルスベート・トゥヒャーの像（アルブレヒト・デューラーの絵画に基づく）が印刷されたし、シューマンが登場する八九年からユーロ導入までの八札種のうち、一〇〇マルクを含む四種つまり半数が女性を掲げていた（ほかの三名は自然科学者アンナ・マリア・ズィビラ・メリアン、詩人アネッテ・フォン・ドロステ＝ヒュルスホフ、作家ベッティナ・フォン・アルニム）。

（2）玉川裕子は、音楽の世界における役割分担、女性の演奏レパートリーについて、当時の市民階級における女性の役割との相関について述べており（市民階級と「専業主婦」の誕生、玉川　二〇一五、六〇–六二）、本稿では詳述に至らないこうしたテーマについて参照されたい。

（3）女性ピアニストがベートーヴェンのピアノ協奏曲、とくに《第四番》や《第五番》を選曲すると、「女性にふさわしくない」と音楽雑誌上で指摘される例は、音楽学校内で行なわれた卒業試験のニュースにも、一般のプロの演奏会の批評記事にも見られる。ピアノ協奏曲に関して言えば、逆に女性ピアニストがライプツィヒなどで比較的多くとりあげ、「女性が演奏する」ことが聴き手の期待にも合致していたとみられるのが、メンデルスゾーンの《第一番》とショパンの《第二番》である（小岩　一九九四）。

（4）ちなみにそのオーケストレーションは、少なくとも一部がロベルトによる。

（5）シューマンの作曲についてはヤニーナ・クラッセンの博士論文（Klassen 1990）によって考察が本格化した。このような研究が登場して注目されることは、一方でそれまで作曲家・作品研究が男性作曲家中心に進められていたことを改めて示している。クラッセンの研究は他方、シューマンという人物について、「演奏家」や「ロベルト・シューマンの妻」とは別の、未開の大きな研究課題が存在することを知らしめた。

（6）ロベルトはまた、シューマンと共に交替で書き込むことにしていた夫婦日記のなかで、自分は作曲、シューマンは演奏、という主旨の内容を書き込んでいる。彼のこの考え方が当時の女性像と連関しながら彼女の作曲家としてのキャリア形成とどのように連関しているかについては、玉川がていねいに読み解いている（一九九九、一一二–一二〇）。

（7）なお、シューマンの演奏レパートリーについては、次のサイトで全体を眺望できる。SCHUMANN netzwerk (https://www.schumann-portal.de/Chronologisch.html、二〇一八年八月アクセス済み)

（8）ロベルトの作品五四は、巨視的にみれば、同じイ短調で書かれたシューマンの作品七をめぐるやりとり以来、つまり二人の結婚前である三〇年代からの、理想のピアノ協奏曲を目指しての二人の共同作業だったと言える（小岩　二〇一二、一四五以下）。ロベルトの作品が完成して以降、シューマンが自作の《ピアノ協奏曲》を演奏した記録はなく、彼女がロベルトの作品をもって自作が乗り越えられたと感じていたことは明らかであろう。

（9）なお、同じ一九世紀に活動した女性でも、シューマンとは違って職業的に公の場で演奏しないものの活発な演奏・作曲活動を展開した例を、シューマンより一〇年余り年上のファニー・メンデルスゾーン＝ヘンゼル（一八〇五～四七）に見ることができる（玉川　二〇一五）。メンデルスゾーンの姉で、一八三一年からベルリンで、母であるレア（一七七七～四二）が差配していた催しを再開するかたちで日曜音楽会を開催、当地の芸術音楽活動の拠点形成に大きく貢献する一方、大規模楽曲の構成力を示す《ピアノ三重奏曲》ニ短調作品一一（一八四六）など、多くの作品を書いた。しかし彼女の音楽活動については父アブラハム（一七七六～一八三五）が一八二〇年に「音楽はフェーリクスにとっては職業となるかもしれないが、お前にはただ飾りというだけで、決してお前の存在や日常生活の基盤になるわけではない」と記していたし、父親の考えを引き継ぐように弟フェーリクスは、姉の才能を認めつつも、ファニーが職業的な音楽家になることに反対していた（木下、八七以下）。

●参考文献（アルファベット順）

Appel, Bernhard R. 2003. "Kritischer Bericht – Werkgeschichte." In *Robert Schumann, Klavierkonzert a-Moll op. 54,* Mainz: Schott. 177-213.

ホフマン、フライア　二〇〇四『楽器と身体——市民社会における女性の音楽活動』（阪井葉子、玉川裕子訳）春秋社。（Freia Hoffmann, *Instrument und Körper: Die musizierende Frau in der bürgerlichen Kultur.* Frankfurt am Main, 1991.)

木下まゆみ　一九九九「ファニー・メンデルスゾーン＝ヘンゼル——姉弟間の愛情と葛藤の中で」小林緑編著『女性作曲家列伝』平凡社、八一–一〇〇ページ。

Klassen, Janina. 1990. *Clara Wieck-Schumann. Die Virtuosin als Komponistin. Studien zu ihren Werken*. Kassel: Bärenreiter.

Klassen, Janina. 2009. *Clara Schumann. Musik und Öffentlichkeit*. Köln: Böhlau. (Europäische Komponistinnen, 3)

小岩信治　一九九四「ライプツィヒ音楽院の主試験——そのピアノ・コンチェルトのレパートリーと意味」『音楽学』第四〇巻I号、一–一五ページ。

小岩信治　二〇一二『ピアノ協奏曲の誕生——19世紀ヴィルトゥオーソ音楽史』春秋社。

西原稔　二〇一三『ピアノの誕生・増補版』、青弓社。（青弓社ルネサンス　五）

Reich, Nancy B. 2001 "Schumann [née Wieck], Clara (Josephine)." In *Grove Music Online (New Grove Dictionary of Music and Musicians*, 2nd Edition, London: Macmillan).

シュテークマン、モニカ　二〇一四『クララ・シューマン』（玉川裕子訳）、春秋社。（Monica Stegmann, *Clara Schumann*. Rowohlt Taschenbuch Verlag, 2001.)

玉川裕子　一九九九「クララ・ヴィーク＝シューマン——「夫唱婦随」の陰で作曲を諦めたヴィルトゥオーゾ」小林緑編著『女性作曲家列伝』平凡社、一〇一–一二〇ページ。

玉川裕子　二〇一五「第2章　家庭に鳴り響く音楽」「第3章　女性職業音楽家の誕生」玉川編著『クラシック音楽と女性たち』青弓社、五六–一二一ページ。

第二章　絵画が捉えた女性を取り巻く社会的変化
――エドガー・ドガとメアリー・カサットの作例から

小泉　順也

はじめに

いまも日本各地の美術館で西洋美術の展覧会が開かれている。規模の大小を考慮に入れずに探すならば、その数は枚挙にいとまがない。長年にわたって日本の展覧会に足を運んでいると、海外に所蔵された作品であるのに国内の美術館で何度も出会うことがある。それほどまで、毎年多くの作品が日本に持ち込まれ、各種の展覧会に供されているのである。普通に暮らす人々と比べるならば、よく知られた美術品の方が、頻繁に海を越えて世界中を飛び回っているに違いない。

【図1】エドガー・ドガ《田舎の競馬場にて》1869年、ボストン美術館

このような作品との邂逅のなかでも、とりわけ記憶に刻まれた出来事がある。六本木にある森アーツセンターギャラリーで、二〇一〇年四月から六月まで開催された「ボストン美術館展――西洋絵画の巨匠たち」には、印象派の画家エドガー・ドガ（一八三四―一九一七）が一八六九年に制作した《田舎の競馬場にて》【図1】が出品されていた（『ボストン美術館展』一一二―一一三）。そして、展覧会が閉幕して数ヵ月しか経たない二〇一〇年九月、この絵は横浜美術館で始まった「ドガ展」にも出品されたのである（『ドガ展』五五）。詳しい経緯はわからないが、日本にいながらボストン美術館に所蔵されたドガの有

名な絵を立て続けに目にする機会がもたらされた。二つの展覧会の会期に挟まった日本の夏を、この絵は国内のどこかの倉庫で過ごしたのかもしれない。

　本論はここで言及したドガの作品を手掛かりにしながら、彼と篤い親交を結んだアメリカ人の女性画家メアリー・カサットの二点の絵画を中心に取り上げる。印象派を代表するフランスとアメリカの二人の画家は、風景や室内のなかに男女を配し、その曖昧な関係性を描写した作品をたびたび描いた。そのなかから数点を選び、それらの分析を通して、女性を取り巻く社会的環境や制約と、現状からの逸脱をめぐるせめぎ合いの様子を浮き彫りにしたい。

一　ドガ《田舎の競馬場にて》

　先に述べたように、二〇一〇年にドガの《田舎の競馬場にて》は二つの日本の展覧会に出品されたが、会場をゆっくり巡るなかで気付いたことがあった。題名のなかに「田舎」という限定がなされているように、この絵の背景には穏やかな草地、晴れた空と白い雲が広がり、のどかな雰囲気のなかで馬や馬車に乗る人々の様子が捉えられている。決して大作ではないが、これはドガの画業の初期に作られた重要な絵画の一点に数えられている。

　作品のモティーフを確認すると、前景の目立つところに二頭の馬と一台の馬車が大きく描かれている。馬の右端と馬車の下の部分は切断されており、画面のなかに唐突に登場したような印象を与えるとともに、後景に小さく描きこまれた人物とのコントラストを強調する効果をもたらしている。馬車には一人の男性と二人の女性が乗っている。男性は御者のようにも見えるが、実際にはドガの旧友ポール・ヴァルパンソンであった（Degas 157-58）。一八六九年の夏にノルマンディー地方にある彼の邸宅を訪れた画家は、近郊のアルジャンタンの競馬場に一家と出掛け、そのときの思い出を画題に選んだのである。

二人の女性については、少し詳しい説明が必要だろう。というのも、赤ん坊を抱えた左側の女性が乳母で、日傘を差しながら、子どもの様子を眺めている右側の女性が母親だからである。乳母は薄手のワンピースを着ている。図版ではわかりにくいが、左胸の下の肌は部分的に露わになっているようにも見える。実作を前によく眺めたところ、丸みを帯びた肌色の形状は乳房を髣髴とさせ、先端の小さな褐色の点描は乳首かもしれない、という考えが頭をよぎった。馬車の上で授乳している場面である、とする解釈が成立するかと思ったが、残念ながら、先行研究においては同様の指摘を見つけられていない。実際のところ、その肌色の部分は胸に対してかなり下にあり、乳房としてはいささか不自然な位置にあるようにも感じられる。

授乳という行為は、女性の身体に母性が宿る瞬間かもしれない。しかし、ここで赤ん坊を抱いているのは、母親でなく乳母であった。ヴァルパンソン夫人であるマルグリットをドガが描いたデッサンが残されており、その容姿から日傘を差した女性が母親であることは確かである（Degas 157）。一九世紀フランスにおいて、育児の重要な役割を乳母が担っていた社会の様子が、この絵に映し出されている。舞台となったアルジャンタンは、ル・マンとカンのあいだに位置した田舎町であった。そこから東に二〇〇キロほど離れたところにパリがあったが、本作が描かれた時期とほぼ重なる一八六五年頃、パリの出生数の半分である二万五〇〇〇人の新生児に乳母がついたと考えられている（フィエロ五〇）。育児は母親の専権事項ではなく、乳母という存在がひとつの産業として家庭のなかに参画していた。

ドガの絵にふたたび戻ると、馬車の上には一家が飼っていたミニチュア・ブルドックが、あたかも家族の一員であるような視線を投げかけている。前景に馬車が大きく描かれていても、この絵の中心を占めていたのは、乳母に抱かれたポール・ヴァルパンソンの子どもであった。この家族と画家が競馬場を訪れたのは一八六九年の夏と考えられている。同年一月に長男のアンリが誕生しており、描かれた子どもの月齢と一致するだろう。シルクハットを被って鞭を手にした父親は、自宅のあるメニル＝ユベールの村から一五キロほど離れた競馬場まで、馬車を引いてやってきた。馬車を操る父親、後ろの座席に腰掛けた母親と乳母の対比のなかに、ジェンダーが生み出す社会的役割の差異が読み取れるのである。

この遠出に同行したドガは、当時はありふれていた乳母の姿に対して、特段の注意を払ったわけではないだろう。しかしながら、制作から一世紀半の年月が経ち、二〇世紀に入って育児の形態が変化し、それとともに乳幼児用の調整乳が開発されるなかで、乳母の存在は徐々に家庭の表舞台から消えていった。ドガは期せずして、乳母が家庭に入り込んでいた一九世紀後半の生活の情景を画面に捉えたことになる。少し前の時代まで、一般的に生まれた子どもは里子として離れた場所に預けられていた。たとえば、一七八〇年代において、パリで年間に誕生する二万一〇〇〇人の子どものうち、母親の手によって育てられるものは千人に満たず、住み込みの乳母に育てられるものは千人で、残りの一万九〇〇〇人は里子に出されたという（バタンテール　八四）。そのような時代を経て、一九世紀中頃から新しい母親像が社会的に確立され、母子関係が大きく変化していった。母親は子どもに献身的に付き添い、多くの時間を子どものそばで過ごすようになった（バタンテール　二五七–五八）。ドガの絵に描かれている、乳母に抱かれた子どもに温かいまなざしを注ぐ母親は、前近代的な社会的慣習から脱した姿を示していた。それとともに、子どもの世話の一部を乳母に任せているという点では、近代的な意味での母性の役割を遂行してはおらず、この場面は二つの時代の移行期を表しているのである。

二　メアリー・カサット《馬車を走らせる女性と少女》

先に取り上げたドガの《田舎の競馬場》では、父親が馬車を走らせていた。しかしながら、一九世紀フランスの女性が手綱を男性に委ね、自分で馬を操らなかったというわけではない。ドガと親交の深かったアメリカ人の女性画家メアリー・カサット（一八四四—一九二六）の画業のなかに、じつに興味深い作例を見出せる。両者について、「二人の芸術家の親和性は否定しようがない」（Jones xiii）と指摘されるように、ドガとカサットは画題の選択において共通する部分を持っていた。

アメリカのペンシルヴェニア州に一八四四年に生まれたカサットは、フィラデルフィアの美術アカデミーなどで学んだ後、一八六六年に画家を目指して初めてパリに渡った。以後、アメリカとヨーロッパの往来を繰り返すなかで、パリのサロンに作品を出品するなどして、徐々に実力が認められるようになった。そのような状況下で、一八七七年にドガと出会ったのである。[1] カサットが亡くなった翌年の一九二七年、彼女の言葉を回想した同時代証言が残されている。

五〇年ほど前のことでもよく覚えていますが、初めてドガのパステルを見たのは、オスマン大通りにある画商の店先でした。私はよくそこに行っては、窓ガラスに鼻先を押し付けて、彼の芸術から得られるすべてを吸収したのです。このことが私の人生を変えました。（Havemeyer 377）

ドガと面識を持ったカサットは、これを縁に一八七九年の印象派の展覧会に参加し、印象派の画家として認知されるようになっていった（Jones xiv）。両者の出会いに関わるカサットの証言を伝えたのは、生涯の友人であった資産家のルイジーヌ・ハヴマイヤーである。彼女はニューヨーク出身の慈善家および美術品蒐集家で、世界的に著名なコレクションの大半はメトロポリタン美術館に遺贈された。[2] 特にギュスターヴ・クールベ、エドゥアール・マネ、ドガを中心とした印象派のコレクションは、質量ともに世界屈指の水準を誇っていた。その蒐集のプロセスにおいて、カサットは相談役として的確な助言を与えていた。

カサットの人生に深く関与したドガは、馬や競馬場をモティーフにした絵を盛んに描いていた。これらの作品が、カサットの画題の選択に影響を与えたと考えるのは自然である。とりわけカサットの作品のなかでも、一八七九年に描かれた《馬車を走らせる女性と少女》【図２】は当時において類例を見ない作例である。ここではパリの西にあるブーローニュの森を駆ける馬車と三人の人物が描かれている。

手綱を引いている女性はカサットの七歳年上の姉リディア、隣の少女はドガの姪オディール・フェーヴルであると判明している。リディアは背筋を伸ばし、前方をしかと見据えた姿からは、馬の制御に集中する様子が窺われる。隣に座る少女のオディールもいくらか緊張した面持ちで、左手は手すりを握りしめている。馬車の前方は本来であれば、子どもが座るような席ではないのかもしれない。両者のあいだにはおしゃべりをしたり、軽口をたたいたりするような余裕は感じられず、どことなく厳格な雰囲気がただよっている。そして、彼女たちの後ろに控えている男性は、馬の世話をする馬番であるという(3)。

【図2】メアリー・カサット《馬車を走らせる女性と少女》1881年、ボルティモア美術館

リディアは白い豊かな襟飾りのついた赤茶色とすみれ色のドレスを身にまとい、ポーク・ボネと呼ばれる前の部分が突き出た帽子を被っている。一方の男性は、シルクハットを被り、白いシャツと黒い衣装を身にまとっている。両者が着ている衣装の色は正反対で、画面の左右に視線をやり、わかりやすいコントラストを成している。位置関係を確認すると、中央の女性のほうが一段高くに座るかたちになっており、表情の見えない男性の馬番の横顔は、言われるままに馬車に乗せられているよう

に見える。三人のモデルは同一の画面に収められてはいても、互いに視線を交わしていない。それぞれの存在に特段の関心を示しておらず、いわば個として存在している。

もう一つの特徴はこの絵の背景である。この作品が初めて展示されたのは、ニューヨークのデュラン＝リュエル画廊で一八九五年に開催されたカサットの個展であった。現地を訪れたある批評家は、この絵と他の二点をあわせて論じるかたちで、「量塊の扱い方は不明瞭なために背景と溶け合っているが、それはルノワールが印象主義的な人物画の研究において、最初に打ち立てた原則であった」と述べていた（*The New York Tribune* 25）。人物の背後には荒いタッチで木々の幹が描かれ、そのあいだに葉が茂っている。舞台の書き割りのようにも見える背景は人物の存在感を引き立て、簡素ながらも画面に落ち着いた雰囲気をもたらしている。

馬の体は腹部で切断され、臀部がわずかに見えるだけの構図であるが、描かれているのはおそらく一頭立ての馬車である。馬を縦に二頭繋ぐタンデムと呼ばれる方法もあったが、これは馬を御するのに高度なテクニックを要したようで、ここでは無関係であろう（鹿島、二八四−八五）。女性が手に持つ鞭が決して長くはないのも、簡便な馬車の仕組みを裏付けている。手綱の横に見えるのは蠟燭を光源にした前照灯で、画面にアクセントを与えている。そして、右下の丸みを帯びた車輪の一部から、馬と馬車をつなぐハーネスと呼ばれる革製の馬具と手綱に向かってフォルムが重なり合い、一筆書きでなぞるようなリズムが生まれている。

カサットについて彼女の母親は、「あらゆる種類の動物がとても好きなために、愛している動物と離れられない」という証言を手紙に書き残している（Bullard 30）。また、カサットは街中や田舎のどちらでも、機会を捉えて乗馬を楽しんだというが、この絵を描いた七年後の一八八八年の落馬の事故により、それ以後は運動を諦めざるを得なかった（Bullard 30）。本作に取り組んでいた当時、三〇代のカサットは快活に馬を乗り回していた。自らの意思で望む場所に馬車で向かおうとしている姉リディアの凛とした姿に、カサットは自身とともに、来るべき女性像を投影していたに違いない。

ドガの《田舎の競馬場にて》に登場する馬車の様子と異なり、カサットの《馬車を走らせる女性と少女》では、女性が御者の役割を果たし、馬番の男性は従順な表情を浮かべて後から付いていく存在として描かれている。家族としての親密な雰囲気は感じられず、他人行儀なぎこちなさが画面を支配している。本作に関して、カサットがドガの作品をどこまで意識しながら制作したのかまではわからない。しかし、既存の男女の社会的役割を反転させる意図を作品に込めた可能性はあるだろう。職業選択や移動に関わる女性の自由が大きく制限されていた時代に、カサットは女性画家としてのキャリアを切り拓いていた。そのような人生と共鳴する態度がこの絵に反映されているのである。

三　メアリー・カサット《桟敷席にて》

一九世紀のパリにおいて、女性の生活には多くの制約を課せられていた。そのような時代を生き、生涯を独身で通したカサットは、母子の仲睦まじい様子を捉えた版画や絵画を数多く描いたが、先述の《馬車を走らせる女性と少女》のように自立した女性の主題をときに画題として取り上げた。そのなかで最もよく知られた作品は《桟敷席にて》【図3】であろう。少し前になるが、この絵は

【図3】メアリー・カサット《桟敷席にて》1878年、ボストン美術館

二〇一六年に横浜美術館と京都国立近代美術館で開催された「メアリー・カサット展」に、日本で初めて公開された。エドゥアール・マネ、ドガからの影響を想起させる劇場を背景にした黒衣の女性の姿が、じつに印象深い作品であった(4)。

彼女の右手にはオペラグラスが握られている。しかし、それを通して何を見ているのかについては、画面の外の話であるために明確な見解は示されていない。横浜美術館の展覧会カタログでは、「オペラグラスで舞台を一心に見つめる女性。男性の視線を気にせず芝居を楽しむため、首までつまった昼間用の外出着、当時の流行だった黒いドレスでマチネ（昼興行）を訪れたのだろう」と解説されていた（メアリー・カサット展　四二）。ここでの説明によると、絵の舞台はパリのオペラ座ではなく、喜劇の上演に使われていたオペラ・コミックであったという。女性がオペラグラスを右手に、折りたたんだ扇を左手に持って、前方を注視しているのは確かである。しかし、オペラグラスの傾き加減をよく見ると、舞台よりも上方に向いており、上目遣いになるような角度でオペラグラスを構えている。つまり、女性はあごをしっかり引いて、舞台を見ているかのように周囲に思わせながら、実際には舞台ではないどこかを見つめているのである。

【図4】メアリー・カサット《「桟敷席にて」のための素描》1878年、ボストン美術館

《桟敷席にて》の制作にあたっては、鉛筆で構図を大まかに描きとめた素描【図4】が残されている。ひじを曲げた先の右手が、女性の目のあたりに添えられている様子はわかるが、まだオペラグラスは明確なかたちを成していない。角度や方向をどのように仕上げるべきなのか、思いあぐねているカサットの迷いをそこに読み取れる。画面の外に向けられた視線の先について、観者はその答えを想像するよりほかない。しかし、舞台装置や劇場装飾を見ているわけではないだろう。ほかの桟敷席に座っている男性をながめているという憶測も成り立つ。あるいは、オペラグラスを通した視界のなかに、美しく着飾った女性の姿が映っているのかもしれない。

このモデルの人物は特定されていないようであるが、そこには画家としてパリの街をつぶさに観察した、カサット自身の姿が重ね合わされているはずである。よく見ると画面の左上には、別の桟敷席にいる男性が身を乗り出しながら、女性を品定めするかのようにオペラグラスを片手に見つめている。しかし、彼女のほうは、見られる存在であることにいっさい関知せず、自らの意志に従って行動している。「見る／見られる」という関係が構図のなかで交差しながら、結局のところ、この男性の存在は絵にアクセントをもたらす付属物に過ぎない。

フェミニズムと美術史が交差する研究領域を切り拓いた美術史家グリゼルダ・ポロックは、『視線と差異』のなかで、「彼女は絵を鑑賞している者から目を逸らし、画面の水平方向の遠くを見入っている」と、画面の女性の行動を分析した（Pollock 75：ポロック 一二三）。そして、「公的な場に出た女性がぶしつけな視線に対して無防備な存在であること」がこの絵のテーマであると結論付けたのである（Pollock 76：ポロック 一二六）。

あるいは、フランス近代美術の著作を数多く出版しているジェームズ・ルービンは、この女性を「女スパイ」と名付け、「実際、この婦人はスパイのための道具を装備し、仕切られた桟敷席のなかで優位な立場にいる」として、見るという行為を通して特権的地位を享受していると指摘した（Rubin 126：ルービン 一二六）。本論では決定的な解釈を提示するだけの材料は揃っていないが、描かれた女性は、きちんと行儀よく舞台を鑑賞する存在では決してない。より主体的に振る舞い、自分が思うままに選択的に視線をめぐらせる、いわば窃視者なのである。

所蔵先であるボストン美術館のウェブサイトは、図版と解説を添えて、主要作品の基本情報を公開している。《桟敷席にて》の解説には、次のように書かれている。

《桟敷席にて》はカサットの印象派絵画のなかでは、アメリカで初めて展示されたものである。一八七八年にボストンに出品されたとき、批評家たちはこの絵画を「とても魅力的」であると言い、カサットの絵について「大半の男性の力強さを凌駕している」と付け加えた。（Museum of Fine Arts, Boston, Website, *In the Loge*）

ボストンに出品されたという説明は、マサチューセッツ慈善機械協会が一八七八年に開催した展覧会を指している。会場風景を撮影した写真が何枚か残されているが、そこでは一九世紀後半の万国博覧会を想起させる機械類を中心とした雑然とした展示空間のなかに、絵画を並べた様子が写されている。全体で四百点を超える美術品が出品されており、そのなかにはレオン・ボナ、ギュスターヴ・クールベ、カミーユ・コロー、バルビゾン派といったフランス近代美術の画家の作品も含まれていた。こうした著名な画家たちに囲まれるかたちで、アメリカとフランスの両国を股にかけて活動したカサットの絵画が展示され、注目を集めたのであった。

四　展示空間という文脈

ボストン美術館の作品解説のなかで断片的に引用された文章は、日刊紙『ボストン・イヴニング・トランスクリプト』の一八七八年九月三日に掲載された記事の抜粋であった。カサットに触れた箇所をその直前の部分とあわせて訳出すると、以下のようになる。

すぐ傍には、ウィーンの著名で若いハンス・マカルトによる子どもの肖像があるが、これはボストンの紳士のために今年描かれたもので、間違いなく大きな注目を集めるとともに、盛んに議論されるはずである。反対側の同じところに、W・M・チェイスのセンセーショナルな人物画の《壊れた甕》があり、これも同様の激しい論争を巻き起こすだろう。同じグループに並んでいるのは、フィラデルフィアの出身で現在はパリに暮らすカサット嬢による人目を引く人物画であるが、彼女の作品は大半の男性の力強さを凌駕しており、黒い帽子を被ってドレスを身にまとった女性は、桟敷席から黒いオペラグラスを通してじっと見つめている。目がくらむほど美しいブロンドの女性は、教えを受けている音楽の先生に向かって顔を上げながら、後ろを振り返り、豊かな白い首と胸をあらわにしている。同じ芸術家による、このもう一枚の絵は、画面の処置、色彩、性格付けにおいて、過去の巨匠たちのような度量の広さをすべて備えている。カサット女史は間違いなく、この展覧会の主役の一人である。（The M. C. M. A. Exhibition 4）

ここでは少し長文の批評を引用した。カサットの作品が男性の力強さに匹敵するどころか、それを凌駕しているという指摘は重要である。ここでは「男性」とだけ書かれているが、男性画家と補って訳すこともできるだろう。このような力強さが端的に表れた作品として、《桟敷席にて》が言及されていた。その直後には、音楽のレッスンの場面を描いた別の作品が取り上げられている。これはパリのプティ・パレ美術館に所蔵されている《音楽》【図５】であると考えられ、マサチューセッツ慈善機械協会の一八七八年の展覧会に出品されたという記録を、先行研究のな

【図 5】メアリー・カサット《音楽》1874 年、パリ　プティ・パレ美術館

かに見出せる（Breeskin 37）。

マンドリンを弾く女性の傍らに譜面を持った女性が親しげな表情を浮かべて寄り添い、その様子を背後から男性が眺めている。題目は《音楽》となっているが、ここでは三人の人間模様が中心的なテーマとして展開されている。手前の二人の女性は演奏に夢中で、男性の存在に気付いていないかのようである。ひそかに盗み見ているということでは、男性の視線は特権的であると言えるだろう。しかしながら、我が事に熱中するあまり周囲を気にしていないという意味で、《音楽》は《桟敷席にて》と同様の図式が成立している。《桟敷席にて》では観劇中の黒衣の婦人、《音楽》では楽器を手にして胸元が開いたブロンドヘアの女性という対照的な人物が描かれていた。しかし、どちらの作品も男性の存在が周縁に追いやられ、女性が主役の位置を占めているという共通点を持っていた。ボストンの展覧会では二点の作品が紹介されるなかで、カサットの作品の魅力が存分に評価されていたのである。

展覧会という空間を検証するとき、美術批評のなかで言及される作品の順番は重要な情報である。改めて、先に引用した『ボストン・イヴニング・トランスクリプト』の記事の前半部分を確認すると、カサットに関する箇所の直前には、アメリカを代表する印象派の画家であるウィリアム・メリット・チェイス（一八四九―一九一六）に触れられていた。[5]チェイスはアメリカ中西部のインディアナ州に生まれ、地元の画家に手ほどきを受けた後、ニューヨークやセントルイスで絵の勉強を続けた。その途中で理解ある地元のパトロンと出会い、ミュンヘンの美術アカデミーに留学するための資金的援助を受ける機会を得た。渡欧中にヴェネツィアにも滞在し、一八七八年にアメリカに帰国した。その後は、ニューヨークのアーツ・ステューデンツ・リーグで二〇年近くに亘って教鞭を執り、一八八八年に全米美術家協会の会長に就任するなど、アメリカで大きな影響力を持った画家であった。一八九六年には自らの手でニューヨークに美術学校を設立した。この学校は現在パーソンズ・スクール・オブ・デザインとして世界中に知られており、チェイスはその創設者として名前を残している[6]。

チェイスの作品については、アメリカ東海岸のボルティモア美術館に同じタイトルの絵画が所蔵されており【図6】、マサチューセッツ慈善機械協会の一八七八年の展覧会に出品されたことが確認できる（Pisano 132）。縦長の画面が特徴的の《壊れた甕》には、一人の少女が草地の広がる道端に立ち尽くしている。彼女は木靴を履いて、身をくねらせたポーズで立っており、傍らには側面が割れた甕が置かれている。大きな破片が地面に転がり、少女は指を組んだまま困惑した表情を浮かべている。画面は暗い色調でおおわれ、空に広がる雨雲が不吉な予感を伝えている。このような壊れた陶器と女性の組み合わせは、西洋絵画史のなかにしばしば登場し、伝統的には失われた貞操を表す図像と解釈される。

【図6】ウィリアム・メリット・チェイス《壊れた甕》1876年頃、ボルティモア美術館

カサットの作品に備わった力強さを指摘した美術批評家は、《桟敷席にて》の作品を紹介する直前に、チェイスの《壊れた甕》に言及していた。

実際に、作品がどのように配置されていたのかを正確に知る手立てはない。しかしながら、田舎の道端と都会の劇場、なよなよとした姿勢と直立不動、うつむいた視線とオペラグラスを通した凝視というように、二人の女性のポーズ、身体、場面の描かれ方は、図式的なまでに受動性と能動性が対比されていたのである。そして、『ボストン・イヴニング・トランスクリプト』の美術批評は、次のように続いていた。

中央の場所に向かって反対側の壁には、大作で美しい、Ch・ランデルによるほとんど裸の人物画である《サルマキス》は、顔の表情の甘美さや純粋さによって、完璧なフォルムの素描、素肌の見事な絵画にまさるとも劣らず目立っている。これは一八七七年のパリのサロンに出品された主要な絵画の一枚で、当然ながらこうした栄誉ある場所に置かれていた。（The M. C. M. A. Exhibition 4）

ここで名前が挙げられたシャルル・ランデル（一八二一―一九〇八）は、パリの国立美術学校においてポール・ドラロッシュ、アリ・シェフェールに師事し、公的な美術教育を受けたフランス人画家である（Bénézit Dictionary 388）。画業の初期は宗教画の大作に取り組み、パリのサン＝シュルピス教会やサン＝ロック教会などに作品が設置された。一八六〇年代にオリエントを訪れてからは、風俗画や肖像画のジャンルに積極的に取り組むようになった。

彼が描いた《サルマキス》とは、ギリシャ神話に登場する泉の精ナーイアスの一人である。サル

【図 7】シャルル・ランデルの作品に基づく《サルマキス》エングレーヴィング、1878 年

マキスはヘルメスとアフロディーテの息子であるヘルマプロディトスに恋したが、求愛は拒絶されてしまった。サルマキスはあるとき、水浴びをしているヘルマプロディトスの姿を見つけると、彼を水底に引き込んだ。そして、ゼウスに二人の体を永遠に結合するように懇願し、両性具有として生きることになったという（グラント・ヘイゼル　五〇一）。

実際に出品されたランデルの絵画を探し出すのは困難であるが、それを基にビュランと呼ばれる刃物を使って銅版に直接彫るエングレーヴィングの技法による版画が残されている【図7】。批評のなかで「ほとんど裸の人物画」と説明されていたように、この銅版画に描かれた女性のポーズと確かに一致する。題名は《サルマキス》となっているが、一枚の布を体にまとって草むらに座る女性の姿は、ギリシャ神話の典拠から離れた通俗的な側面を備えている。カールした髪は真ん中で分けられ、画面の右側を眺める視線はいくらか扇情的でさえある。おそらく、ヘルマプロディトスを誘惑する場面がテーマとなっているのだろう。

以上の調査を踏まえて、一八七八年のマサチューセッツ慈善機械協会の展示室に立ち戻るならば、カサットの《桟敷席にて》と《音楽》が飾られた展示空間の前後には、女性の貞操の喪失を暗示するチェイスの《壊れた甕》、両性具有の主題につながるランデルの《サルマキス》という二点の絵画が並べられていた。『ボストン・イヴニング・トランスクリプト』の記事は、これらの一連の作品を論じるなかで、カサットの力強さを称揚したのである。

もちろん、記事で言及のあった作品は全体の一部に過ぎない。それでも、困惑した様子で立ち尽くす《壊れた甕》の少女、蠱惑的なまなざしを投げかける《サルマキス》とともに飾られていたのが、カサットの《桟敷席にて》と《音楽》であった。前者では、オペラグラスをのぞき込んでいるがゆえに彼女の目線や表情は判然とせず、後者では、男性のまなざしを無視する二人の女性が音楽に興じる姿が描かれていた。こうした造形的な特徴は、周囲に置かれた作品との対比において、結果として強調されていたのである。

移動の自由、職業選択、政治的権利など、一九世紀後半においては現在よりも大きな制限が女性に課せられていた。こうした時代背景を理解しないまま、カサットの作品を解釈することはできない。一九世紀後半という時代が少しずつ遠ざかるなかで、その時代に描かれた絵画を読み解くためには、隅に置かれた小物、何気ないしぐさ、視線のゆくえなど、細部にまで目を配る必要がある。

おわりに

二〇世紀以降の晩年のカサットは田舎を好み、パリ北部のボーヴェにほど近いシャトー・ド・ボーフレネで過ごすことが多かった。近隣の住人の言葉によると、彼女は子どもたちが大好きであったという（Sweet 6）。しかしながら、「ただひとつ困ったことに、訪ねて来るときには車から決して降りなかったので、話をするあいだ、その周りに皆立っていなくてはならなかった」という証言も残されている（Sweet 6）。ここで逸話として語られている車とは、馬車ではなく自動車である。

一八四四年にアメリカのペンシルヴェニア州で生まれたカサットは、一九二六年にパリ北部のボーヴェ近郊で亡くなった。一九世紀後半から二〇世紀初頭を生きるあいだに、移動手段は馬車から自動車へと移行しつつあった。実際、彼女は一九〇六年式のルノーを所有しており、亡くなるまで乗り続けたという（Sweet 6）。ただし、自動車を購入したとき、すでに六二歳の齢を重ねていた。そのため自分でハンドルを握ることはなく、運転手を雇っていた。生前に仕えていた運転手と女中の一人は、カサットの印象について以下のように回想している。「とてもやさしいが、厳格な女主人で、いつも同じ道を通り、時間を決めて絵を描き、午後は毎日二時間のドライブをした。自動車はいつも完璧に修理するようにと言って、『故障するのを許さなかった』」（Sweet 6）。

《馬車を走らせる女性と少女》を描いた一八八一年の時点において、カサットは乗用車を個人で所有する時代が到来するとは想像していなかった。ドガもまた《田舎の競馬場》に登場した乳母の存在が、二〇世紀以降に衰退すると予想していたかどうかもわからない。印象派と呼ばれる画家たちは、一八七四年の最初のグループ展の開催によって、新たな時代の扉を開いたとされる。しかしながら、たとえばクロード・モネはその後、半世紀以上にわたって創作活動を続け、一九二六年に亡くなった。その没年は偶然にもカサットと一致する。

こうした時間の経過を考慮に入れた上で、印象派の絵画を眺めると、そこにはすでに消えてしまった社会や生活が描き留められているという解釈も成立する。そのような態度で作品を見つめ直すと、新たな発見がもたらされるに違いない。印象派の絵画は移ろいゆく時間や天候の変化を画面に巧みに捉えたと言われるが、後世から振り返ると、そこに社会的変化という視点を付け加えてよいかもしれない。風景に対する関心をさほど示さず、田園や都市のなかに暮らす人々の風俗、室内における人物をもっぱら描いたドガやカサットの絵画や版画には、そのような傾向が顕著に表れる。そこには時代の目撃者としての画家の姿が反映されているのである。

◉註

（1）両者の関係を簡潔にまとめたエッセイとしては、沼田を参照（五〇）。

（2）ハヴマイヤーのコレクションの詳細については、*Splendid Legacy* を参照のこと。

（3）本作の基本情報は、Breeskin, Barter, Babbitt を参照した。

（4）本作について、筆者は以前に展覧会評として取り上げたことがある。この箇所はその文章を補足の上で再録した（小泉 二―四）。

（5）チェイスについては、二〇〇〇年に亡くなったロナルド・G・ピサーノの仕事を補足するかたちで、二〇〇六年から四巻の作品カタログが刊行された（Pisano 2006. 2010）。

（6）チェイスの略歴は Walcutt の年表に簡潔にまとめられている。

◉引用文献

Babbitt, Sherry ed., *Philadelphia Museum of Art: handbook of the collections*, Philadelphia Museum of Art, 1995. 289.

Barter, Judith A. "Mary Cassatt: themes, sources and the modern woman" in *Mary Cassatt: modern woman*, exh. cat., The Art Institute of Chicago et al., 1998. 54.

The Bénézit Dictionary of Artists, Gründ, vol. 8, 2006. 388.

Breeskin, Adelyn Dohme. *Mary Cassatt: a catalogue raisonné of the oils, pastels, watercolors and drawings*. Smithsonian Institution Press, 1970. 53.

Bullard, John E., *Mary Cassatt: oils and pastels*, Watson-Guptil, 1976.

Havemeyer, Louisine W., "Mary Cassatt", *Bulletin of the Pennsylvania Museum*, 113 (1927). 377-382.

Jones, Kimberly A., "Introduction", *Degas Cassatt*, exh. cat., Washington: National Gallery of Art, 2014. xiii-xv.

"The M. C. M. A. Exhibition", *Boston Evening Transcript*, September 3, 1878.

Museum of Fines Arts, Boston, Website, In the Loge,　http://www.mfa.org/collections/object/in-the-loge-31365

Pisano, Ronald G., *William Merritt Chase: the paintings in pastels, monotypes, painted tiles and ceramic plates, watercolors, and prints*, Yale University Press, 2006.

Pisano, Ronald G., *William Chase: still lifes, interiors, figures, copies of old masters, and drawings*, Yale University Press, 2010. 132.

Pollock, Griselda, *Vision & Difference: femininity, feminism and the histories of arts*, London and New York: Routledge, 1988. 75-76.

Rubin, James H., *How to Read Impressionism*, Thames & Hudson, 2013. 126.

Splendid Legacy: the Havemeyer collection, exh. cat., New York: Metropolitan Museum of Art, 1993.

Sweet, Frederick A., "Mary Cassatt (1844-1926)", *The Art Institute of Chicago Quarterly* 48-1(1954). 4-8.

Walcutt, Anna. "Chronology" in *William Merritt Chase*, exh. cat., Washington D.C: The Philips Museum et al., 2016. 201-213.

鹿島茂『新版馬車が買いたい！』白水社、二〇〇九年、二八四―八五頁。

グラント、マイケル、ジョン・ヘイゼル『ギリシア・ローマ神話事典』西田実ほか訳、大修館書店、一九八八年、五〇一頁。

小泉順也「メアリー・カサット《桟敷席にて》――視線の先にあるもの」『視る』四八六号、二〇一七年、二―四頁。

『ドガ展』（展覧会カタログ）、横浜美術館、二〇一〇年、五五頁。

バダンテール、エリザベス『母性という神話』鈴木晶訳、ちくま学芸文庫、一九九九年、八四、二五七―五八頁。

沼田英子「ドガとカサット」、『メアリー・カサット展』（展覧会カタログ）、横浜美術館、京都国立近代美術館、二〇一六年、五〇頁。

フィエロ、アルフレッド『パリ歴史事典』鹿島茂監訳、白水社、二〇一一年、五〇頁。

『ボストン美術館展――西洋絵画の巨匠たち』（展覧会カタログ）、森アーツセンターギャラリー、二〇一〇年、一一二頁。

ポロック、グリゼルダ『視線と差異――フェミニズムで読む美術史』、萩原弘子訳、新水社、一九八八年、一一三―一二六頁。

『メアリー・カサット展』（展覧会カタログ）、横浜美術館、京都国立近代美術館、二〇一六年、四二頁。

ルービン、ジェームズ・H『西洋名画の読み方5　印象派』内藤憲吾訳、創元社、二〇一六年、一二六頁。

◉図版出展

【図１】『ドガ展』（展覧会カタログ）、横浜美術館、二〇一〇年、五五頁。
【図２】*Mary Cassatt: modern woman*, exh. cat., The Art Institute of Chicago et al., 1998. 258.
【図３】『メアリー・カサット展』（展覧会カタログ）、横浜美術館、二〇一六年、四三頁。
【図４】Adelyn Dohme Breeskin, *Mary Cassatt: a catalogue raisonné of the oils, pastels, watercolors and drawings*. Smithsonian Institution Press, 1970. 250.
【図５】*Mary Cassatt: une impressionniste américaine à Paris*, exh. cat., Paris : Musée Jacquemart-André, 2018. 47.
【図６】Ronald G. Pisano et al., *William Merrit Chase : still lifes, interiors, figures, copies of old masters, and drawings*, Yale University Press, 2010. 133.
【図７】https://commons.wikimedia.org/wiki/Category:Salmacis#/media/File:Charles_Landelle_-_Salmacis.jpg

第三章　「ポスト」新自由主義的ジェンダー再編
――『イン・ハー・シューズ』から『花子とアン』へ

早坂　静

一　現代日米における女性の貧困

二〇二〇年の今日、アメリカでは一九六四年に公民権法が成立し、性に基づく雇用差別が禁止されてから五〇年以上経っている。その一方で憲法の男女平等修正条項案は長年にわたって論議されていながらも成立しておらず、国連の女性差別撤廃条約にも批准していないという点で女性の地位向上に関して積極的ではない面もある。また、実態として行政分野や雇用分野における機会平等はある程度進んできたものの、一九七〇年代末にダイアナ・ピアースによって指摘された米国における「貧困の女性化」は解決をされないままとなっている。一九七八年にピアースは、論文の題目とした「貧困の女性化」という表現を通じて貧困は急速に女性の問題になってきていることを指摘した（Pearce）。この論文では、一九七六年の米国で、一六歳以上の貧困者（一千五百万人のほぼ三分の二）を女性が占めており、貧困世帯のほぼ半数を女性世帯主の家庭が占めていることが指摘された。この論文刊行後四〇年経過した今日も貧困人口全体に占める女性の割合はほぼ三分の二とほとんど変化していない。一九七〇年代以降、女性の就職率は上昇し、実質賃金も伸びたが、最低賃金労働者のうち三分の二が女性であり、七人に一人の女性が貧困ライン以下で暮らしている。また、依然として女性が世帯主の家庭の子どもの半数以上が貧困である（National Women's Law Center）。そして、このアメリカの貧困の女性化の背景には経済の新自由主義化とアメリカ社会に残り続けるジェンダー分業がある。新自由主義的な経済政策として、労働の規制緩和が進められ非正規雇用労働者が激増し、家庭内での育児や介護を担うことを期待されるアメリカの大多数の女性が、この不安定な非正規雇用に流れ込んだのだ。

今日の日本においても女性の貧困は顕在化している。国連の女性差別撤廃条約が批准され、男女雇用機会均等法が制定されてから三〇年経つにもかかわらず、日本の女性の地位が向上したと容易に述べがたい状況である。女性の労働者数は大幅に増えたが、増加した労働者の大多数は「パート・派遣・契約社員等の非正規労働者であって、正規労働者は微増にとどまる。三〇年前は三分の一であった女性労働者に占める非正規労働者の割合が現在では五割を超え、経済的自立が困難な年収二百万円以下で働く女性労働者は四割を超えている。女性就業者の過半数を占める女性非正規労働者は、性別による差別に加え、雇用形態の違いによる差別も重なり二重の差別を受けている」（日本弁護士連合会 三）。日本でもアメリカと同様、新自由主義経済政策による経済的格差の拡大は女性に大きな影響を及ぼしている。増加し続ける非正規労働者の女性たちは、離婚の激増や福祉削減政策のなかで、最も貧困化する社会集団になりつつある。今日の女性の貧困問題を解決するためには、身分が不安定で、低賃金の非正規雇用の改善、ケア労働の男女共同化・社会化・価値化や男女賃金格差の是正などが求められる。さらには、女性の貧困を克服する新しいフェミニズムの理念と社会運動が必要となるであろう。

二　新自由主義とポストフェミニズム

新自由主義（ネオリベラリズム）とは、社会や政治・行政・経済の仕組みや文化のあらゆるものを、「市場原理」で作り上げていこうとする思想である。デヴィッド・ハーヴェイは、これを世界各国の相互関連性のなかで醸成された一種の世界システムとしての、現代資本主義の一時代の様相だと捉えた。そして、ネオリベラルな理論のなかに人はどのように組み込まれるのか、次のように説明している。「ネオリベラリズムとは、まず第一に、強い私的所有権に特徴づけられるような国際的な枠組みのなかで個人の企業家的自由とスキルが解放されることによって、人間の福利はもっとも向上するという政治経済的実践の理論である」（Harvey 2）。米国では、一九七〇年代からネオリベラリズムへの転回が見られたが、八〇年に大統領となったロナルド・レーガンが、ネオリベラルな経済政策を本格的に推進し、「小さな政府」をスローガンに掲げ、ケインズ主義的福祉国家を維持することを放棄し、資本蓄積のための新たな市場開拓の手段として公的事業の民営化や規制緩和を推進した。ネオリベラルな体制は、性別役割分業を一方で弱め、他方では強めることになる。新自由主義体制下では非正規労働が激増し、ケインズ主義的な体制時に比べて、一家の大黒柱たり得る家族給を得ることのできる男性が大幅に減り、より多くの女性が有給の仕事を持つ必要に迫られるようになった。それと同時に、市場競争が激化し、金融経済が不安定化し、社会福祉は削減され、経済的、社会的環境が厳しくなるなか、先進国においても、無償のケア労働の負担が多くの女性に一層重くのしかかるようになった。女性の社会進出が進み、社会的地位の高い女性や高賃金の女性も一部出てきた一方で、大多数の女性はフレキシブルな非正規労働や賃金の低いケア労働に流れ込んだ。マイケル・ハートとアントニオ・ネグリによると、今日のグローバル経済下の先進国においては、かつて主要であった工場労働が減少し、その代わりに、知的ないしは言語的な労働と、「情動労働」の二つの基本的な形態が中心を占めているという。「情動」は精神と身体の両方に関連するものであり、安心感や、幸福感、満足、興奮、情熱といった情動を生み出したり操作したりする、人間関係のなかにおける労働である（216-220）。保育や介護などのケア労働、旅客機のキャビン・アテンダントや、コールセンターのオペレーター、レセプショニスト、アパレル販売などのサービス労働がこのタイプの労働の主要なものである。この情動労働は、先進国における情報経済への移行のなか、今やあらゆる労働部門で重要性を増しつつあり、ジェンダー的に不均衡に女性に求められている。サービスやケアといった情動労働においては、「女性的な」やさしさやこまやかさなど人間関係を円滑にする要素が重要視される。こうして、多くの女性が家庭においては家事、育児、介護といった無償のケア労働を一手に担いつつ、家庭外の職場でも女性に適しているとみなされ、労働者の女性としての情動が鍵とされる、接客や販売などのサービス労働介護、保育などのケア労働を担うことで、一層厳しい「女性的な」労働の負担を余儀なくされている。このようにして、新自由主義的経済体制は、低賃金あるいは無償のケア労働を同時に担うかたちで、家庭の内外で旧来女性が担ってきた役割を果たしてくれる多数の女性を構造的に必要としている。ナンシー・フレーザーはこうした女性の従属の過程こそが、「ネオリベラル資本主義の活力源そのもの」であるという（四八）。他方、ネオリベラリズムのもう一方の極においては、男性と競争する力を持ち合わせた一部の女性たちに対しては、起業家精神や自己革新といった、ジェンダー・ニュートラルな価値が強調されると同時に、今日フェミニストの平等という理想は「常識」として社会に埋め込まれているので、この大多数の女性に対する家庭内外における女性的役割と二重労働の強化は、ともすると見えにくいものとなっている。

ロザリンド・ギルは、ポストフェミニズムをフェミニズムに対する巻き返しである（Faludi）とする見方に加えて、ポストフェミニズムはネオリベラリズムに密接に関係する「感受性」であるとしている。この観点からは、ポストフェミニズム下ではフェミニズム以前のように男性中心的な権力関係のなかで圧力を受けてではなく、女性が個人主義的に自ら自由に選択して、自己管理を行なって主体形成を行なっていると説明される。したがって、ポストフェミニズム下の女性は個人主義的で、自由に選択を行ない、能動的かつ自律的に主体形成をするとされるとともに、この文脈では構造的な不平等や文化の影響について考察するための言葉は失われるか、少なくとも封じられる（Kelan, Zaslow）。ポストフェミニズムの言説のなかでは、雇用や教育において女性は平等な機会を与えられているとされ、フェミニズムの理想は既に実現され、常識と化していることが強調される。男性に欲望される理想的な客体としての外見を獲得しようと奮闘する「メイクオーヴァー（大変身）」番組の流行や、性的な差異を自然なものとみなす見方の復活といったことから、ギルはまた、ポストフェミニズム的な感受性においては、「女らしさ」は社会構造的あるいは心理的なものではなく、「身体的な財」としてみなされるようになっているという。それはすなわち、「女性」がどれほど「女らしい」身体を有しているかということが重視されるのがポストフェミニズムの文化だということである。

ポストフェミニズムとネオリベラリズムとの関係については、近年盛んに研究が行なわれている。ギルは、両者の関係性を次のようにまとめている。第一に、両者は、社会や政治といった概念や、個人は外的な圧力、制約、影響の下にあるといった観点を排除した、個人主義に基づいて構成されていること。次に、計算的で、自己管理的なネオリベラルな主体と、能動的で、自由に選択をし、自己改革的なポストフェミニズムの主体との明白な類似性をギルは指摘している。以上の二点を考慮すれば、ポストフェミニズムはフェミニズムへの反応にとどまらず、ネオリベラリズム思想の社会への浸透を通して構成された感受性であると考えられる、とギルは指摘している。さらに、三点目として、ネオリベラリズム下で、自己管理、自制するように圧力がかかる度合いは男性よりも女性の方が高いことを示し、ネオリベラリズムは主体がジェンダー化され性別役割配分がなされることを必要としているのだという。これはすなわち、ネオリベラリズムを支えるために必要なジェンダー化された主体を構築する役割をポストフェミニズムが担っていることをギルは示唆しているのだと本稿は理解する。構造的に家庭の内外で女性的な役割とされ、女性的な精神と身体が重要となるケア労働に従事する莫大な数の女性を新自由主義が必要としていることを考慮すれば、新自由主義の必要とする女性の主体の構築に寄与するポストフェミニズムにおいて女性らしい身体性の自己管理や維持が重要視されるのももっともなことである。

三　日米ポピュラーカルチャーにおける女性表象とポストフェミニズム

ポストフェミニズムの文化に特徴的な現象として、女性間、とくに姉妹間の格差が主要なモチーフとされることが多いと、河野真太郎は指摘する（二六）。そこで、本稿では、二〇〇〇年代と二〇一〇年代の日米のポストフェミニズムの文化表象のなかでは、女性の貧困が女性間の経済格差、特に姉妹間の格差として表現されることが顕著であることに注目し、こうした表象が、いかに新自由主義体制が必要とする従属的な女性の精神と身体と関係しているか考察をしたい。

ジョージ・W・ブッシュ政権（二〇〇〇年―二〇〇八年）では、①禁欲主義的性教育の推進、②中絶反対の最高裁判事二名の任命、③開発途上国への家族計画教育を行なう国際団体には連邦による資金援助を禁ずる、④大統領による胎児保護の立場の明言、⑤選挙運動中の伝統的な「家族の価値」の強調、と反フェミニズム的傾向が顕著であった。ブッシュ政権はネオリベラルな資本主義を支持し、ここでの政策には大企業および富裕層に対する減税、社会福祉の削減、非常に低い賃金と不安定な非正規雇用が含まれている。ポストフェミニズム表象は時の政権のフェミニズムに対する姿勢と無関係ではない。たとえば、主人公エルサが物語を通して「どんな男とも関係をもたず、最終的にはアナとの姉妹愛、シスターフッドの愛に気づくという意味では家父長制を下支えする異性愛そのものを否定しているように見える」『アナと雪の女王』（二〇一三年）（河野　二〇）が、フェミニストであることを明言し、女性誌に寄稿したエッセーのなかで男女の役割やふるまいを巡る固定観念をなくす必要性を訴えたオバマ大統領の政権時に発表された作品であるのは決して偶然ではないであろう。

二〇〇五年に公開された映画『イン・ハー・シューズ』（カーティス・ハンソン監督、スザンナ・グラント脚本）は、女性の貧困を姉妹間の経済格差として描き出す。主人公姉妹の姉ローズは、フィラデルフィアの大手法律事務所に勤める弁護士だ。弁護士として成功している彼女だが、実は自分の容姿にコンプレックスがあり、恋愛がうまくいかない。彼女は専門職に就き経済力も十分にある自立した女性であるにもかかわらず、現状には満たされず、男性との結婚を夢み、切望している。あるとき、彼女のアパートに、実家を追い出された妹のマギーが転がりこんでくる。マギーは高校卒業から一〇年経っても、定職に就くことができず、不安定な生活を送っている。ローズはそんなマギーに生活を立て直すように小言を言い、マギーはそれに反抗する。喧嘩の絶えない姉妹の共同生活が続くなかで、マギーは姉の出張中にその恋人に横恋慕してしまう。アパートを追い出されたマギーは、フロリダに行く。そこには父と亡くなった母がその存在を秘密にしていた、母方の祖母エラがいた。祖母エラはフロリダの老人ホームで世話役をしながら暮らしていた。エラはマギーを歓迎するが、失業中で経済的に逼迫したマギーはエラの金を盗もうとする。それに気づいたエラはマギーに施設内の介護の仕事をするように言い渡す。そこでマギーは、盲目の元大学教授と出会い、詩の素晴らしさを教わり、度重なる失職の原因でもあった難読症の克服を始める。他方、ローズも自分を見つめ直す生活を送るなかで、自分の元を去り、行方のわからなくなった妹が自分にとってかけがえのない存在であることに気づく一方で、元同僚弁護士のサイモンと愛を育み、婚約することになる。やがてフロリダで祖母エラの仲裁により、ローズとマギーは再会して仲直りをする。マギーは、ローズの自信のなさがサイモンとの心のすれ違いにつながったことに気づき、ローズを励まし二人の仲を取り持つ。そして最後に、ローズは、マギーによる美しい詩の朗読の祝辞を受けるなか、サイモンと幸福な結婚式を挙げるのだった。

この映画は、ブッシュ政権のポストフェミニズムとネオリベラリズムを支持するかのように、最終的に介護労働に従事して喜びと心の落ち着きを見出すマギー、男性との結婚に恋い焦がれるキャリアウーマン・ローズという人物造形を通してポストフェミニズムを肯定しているように読める。また、妹マギーが介護施設で働くようになると、施設の高齢女性たちを相手にファッション・アドバイスをするコンサルティング・ビジネスを始め、金儲けをするようになるが、創造的な価値を市場に対して提供できる高付加価値人材が新自由主義の時代の中心になると主張した経済学者リチャード・フロリダの指摘を考慮すれば、クリエイティブな起業をするマギーはまさにネオリベラリズムの求める人材となる。さらに、ローズとマギーの姉妹間の経済的・社会的格差は比喩的なレベルでは、同時代の米国社会における女性間の格差として読めるために、映画前半のマギーの不安定な生活と貧困は、この読みの位相では今日の米国女性の貧困表象と読むことができる。妹・マギーの度重なる失業の原因は難読症にあるという設定により、直接的な読みのレベルでは、マギーの貧困は社会構造に起因するのではなく、いたしかたない自己責任の問題なのだと語られる。彼女の問題は、彼女自身が自助努力をし、その障害を克服するように努めれば解決にいたるのだ、と。この点を比喩的な読みの位相に置き換えると、今日の米国女性が貧困に苦しんでいるのだとすれば、それは彼女たちの自己責任であり、社会や政治はそれについて何の責任もないのだという解釈が成立し、これはまさにポストフェミニズムとネオリベラリズムが必要とする社会観なのである。他方、結婚を切望する弁護士の姉ローズの人物像は、九〇年代初めにスーザン・ファルーディが次の引用にあるとおり指摘した、第二波フェミニズムの成果を批判するポストフェミニズムの比喩として読むことができる。

街のニューススタンド、テレビ、映画、雑誌や広告など、私たちの身近で、この種の暗いメッセージがやたら目につく。キャリアウーマンは「燃え尽き症候群」にかかりやすく、「不妊症」で苦労するとか、独身女性は「男不足」の不幸に見舞われるなどの見方がその良い例だ。例えば、ニューヨーク・タイムズ紙は、子供のいない女性は「いつも精神的に不安定」で、その症状はますますひどくなるばかりだと伝え、『ニューズウィーク』誌は、未婚女性は「ヒステリック」で「深い自信喪失」に陥り、ボロボロになっていると伝えている。健康書は、エリートのキャリアウーマンがかつてなかったほどの勢いで、抜け毛、神経症、アルコール中毒、果ては心臓発作に至るまで、「ストレス性疾患」に襲われているとし、心理学の本も、孤独は女性の敵、精神疾病を誘発する最大の要因と警告している。［……］すなわち、女性の苦境も精神的不安定も男女平等のせいと言いたいのだ。女性の不幸はまさしく自由の代償で、解放はむしろ女性を不自由にした。自立の代わりに、もっと大切な女の幸せを取り逃したというわけだ。（ファルーディ　九―一二）

ファルーディは一九九一年に刊行された著書『バックラッシュ――逆襲される女たち』のなかで、ポストフェミニズムはフェミニズムの成果に対する巻き返しであると指摘している。ポストフェミニズムはフェミニズムをあからさまに批判するというよりも、皮肉で疑似インテリ風の批評を展開することで成功をおさめたという。ファルーディによれば、米国メディア上流布されるイメージを通してフェミニズムは古臭く、時代遅れのものであり、重く考慮するに値しないという価値観を女性たちは身につけるのだということである。先の引用では、第二波フェミニズムが雇用や教育における男女間の平等を法的に保証した結果として多くの専門職に就いたキャリアウーマンが生み出されたが、その多くが不幸で精神的に不安定であるというイメージが多様なメディア上で氾濫していることを、フェミニズムに対する巻き返しの現れとしてファルーディは紹介している。映画『イン・ハー・シューズ』の姉ローズは弁護士として安定した生活を送ることができるにもかかわらず、男性との結婚を果たすまでは幸福でなく満足感も得られない人物となっているが、これはまさにファルーディの紹介するポストフェミニズムのレンズを通して捉えられたキャリアウーマンの姿に極めて近い。

映画『いつか眠りにつく前に』（二〇〇七年）には、美しい東海岸の豪奢な邸宅を舞台に繰り広げられる身分違いの若者同士の恋愛、決して恵まれているとはいえない出自をもつ主人公が運命を感じた相手との恋愛を成就させたい、また歌手としての才能を世間に認められたいという夢につき動かされている様子など、随所に米国の国民文学キャノンの『グレート・ギャツビー』（一九二五年）に対するオマージュが散りばめられている。小説『グレート・ギャツビー』は、いかなる出自の人でも、その才能と努力次第で社会上昇することが可能であるというアメリカン・ドリームをテーマの中心に据え、美しく構成されていることを評価され、一九四〇～五〇年代の冷戦初期には、国民的な一体感を支える文学キャノンとして重視された（Tredell 8, 41-46）。アメリカン・ドリームという平等の神話は、国民の国への愛着や帰属意識、連帯感を強化する。才能と努力次第で階級上昇の機会が均等に与えられているというアメリカの夢は、社会的に従属的な立場にある労働者たちにも希望を与えてきた。しかしながら、アメリカの夢に対する信頼が確固たるものであったのは、国内の生産性が向上し、消費が拡大し、労働者層にも高賃金や住宅を購入する経済力が与えられた一九四〇年代から一九六〇年代まででであった。一九七〇年代からは、米国では富めるものが更に富むための所得再分配を政策の一環として行なった新自由主義的な転換がなされ、労働者層への再分配が大幅に減少することになり（Harvey 15-17）すっかり色褪せてしまった。(1) 一九七〇年代から経済全体が製造業から金融業に転換するにつれ、一九八〇年代までに、労働者はますます不安定な雇用状況にさらされるようになり、出自に関係なく社会上昇の機会があるというアメリカン・ドリームは非現実的なものになっていったことを、ノーム・チョムスキーも指摘している（Chomsky, *A Note on the American Dream*, para 3-7）。アメリカン・ドリームの要諦である階級の移動性は、現在のアメリカでは国際的に比較しても、大幅に低くなっている（Center for American Progress）。アメリカの夢の喪失が嘆かれて久しい。にもかかわらず、現行の経済体制を持続させるためには、国民的一体感を守り続けるためには、米国では夢は維持され続けなければならず、夢の物語は語られ続けなければならない。ネオリベラリズムは女性たちに努力や恋愛を通じた社会上昇の夢を見させ、さらにはその夢が叶わなくとも、育児や介護といったケアにこそ女性の生きがいがあるのだと物語る。多くの女性を従属させ、低賃金の労働に従事させることがネオリベラリズムの活力源になっているならば、その女性たちが周縁化されてもなお既存の体制を自発的に愛し、支え続けるための魔法が必要なのだ。映画『いつか眠りにつく前に』では、アメリカの夢が失われた時代に、女性たちがいかに夢を見続けるのか、夢が破れてもなお、人生に希望と喜びをいかに見出すことができるのかについて物語る。

『いつか眠りにつく前に』の冒頭で、老女アン・ロードは、成人した長女コンスタンス、次女ニナに見守られ、死の床にいた。四十数年前、若かりしころのアンはニューヨークで歌手を目指していた。ある夏の日、親友ライラ・ウィッテンボーンの結婚式でブライズメイドを務めるため、アンはニューポートにあるウィッテンボーン家の別荘へ行く。そこで彼女はウィッテンボーン家のメイドの息子で医者のハリス・アーデンと出会う。ライラの結婚式のあと、自分の夢についてハリスと語り合ったアンは、恋心をおぼえる。アンに思いを寄せるライラの弟バディは、そんなアンの様子に気づく。バディはアンに愛の告白をするが、アンに断られ、自暴自棄になり交通事故で命を落とす。翌朝、バディの死を知ったアンは罪悪感に苛まれ、ハリスとの関係を諦める。アンはその後の人生で二度の結婚・離婚を経て二人の娘を生んだが、歌手として成功できず、ハリス以上に情熱を覚える相手との出会いもなく、満たされない思いを抱えた人生を送り、自分の人生に意義を見出せないのであった。アンの次女ニナは、結婚し安定した中産階級の暮らしを送る姉のコンスタンスとは異なり、仕事も人間関係も長続きしない生活を送っている。そんななかで彼女は恋人ルークとの関係に悩み、さらに予定外の妊娠についてルークに知らせずにいた。意識が戻ったアンに、ニナは妊娠のことを打ち明ける。アンは、子どもはすばらしいものだと語る。こうして、姉コンスタンスによる励ましの言葉も受けて、ニナはお腹の子どもの父親ルークとの関係と子どもの出産について肯定できるようになる。その後しばらくしてアンの友人で、アンのハリスとの悲恋を知るライラが見舞いに来る。アンは、自分の一生を捧げることを望んだ相手ハリスとの恋がかなわず、人生が望み通りにならなかったことの寂しさと後悔を口にする。しかしライラの「私たちは、子どもを産み育て、それぞれすべきことをしたのよ」という言葉を聞き、アンは初めて憂いや迷いから解放されるのだった。

この映画でも、『イン・ハー・シューズ』と同様に、出産や育児、介護といったケアに従事する女性たちが母と娘、二世代にわたって肯定されるかたちで、同時代のポストフェミニズムとネオリベラリズムが支持されている。母アンの歌手になる夢は叶わなかったし、運命を感じた相手との恋も成就しなかったが、娘を二人産み、育て上げたことはかけがえなく、意義深い、とこの映画は語る。娘ニナは安定した暮らしはこの先も望めないし、貧困に苦しむことにはなるかもしれないが、出産と子育てに生きがいを見出すことになるだろう。アメリカン・ドリームを追い求めてそれが叶わなくても、女性たちはケアに従事すれば満足も幸福も得ることができるのだと、この映画は示唆している。ネオリベラルな社会では社会福祉が削減され、家庭の内外でケアを担う女性たちが大量に求められている。社会上昇の夢に破れても、最終的にケアに生きがいと満足を見出す女性たちは、まさにネオリベラリズムの求める人間像なのだ。また、この映画でも『イン・ハー・シューズ』と同様に、妹の貧困は彼女の人格と能力に起因しているように描かれるため、国内の雇用が減少・不安定化しているという社会的な視点は得られない設定になっている。これにより、比喩的な読みのレベルでも、女性の貧困は自己責任によるものであり、社会構造的な原因は考えられないということになるのである。

今日の日本でも経済や社会、文化などあらゆる分野の新自由主義化は進んでおり、米国のポピュラー・カルチャーと同様に、現代女性の貧困が「姉妹間の格差」というモチーフを通して表現されている。その傾向は女性の生き方を主題とするＮＨＫの連続テレビ小説を見ても明らかである。

ＮＨＫの連続テレビ小説『花子とアン』(二〇一四年)が放映されている期間中に刊行された著書『「赤毛のアン」の秘密』の岩波現代文庫版のあとがきで、小倉千加子は今日の第二次安倍政権下、日本女性に期待される二重労働の強化の可能性について、次のような憂慮を示した。

歴史が繰り返すということがあるとしたら、『赤毛のアン』が愛される時期には、日本ではアメリカとの関係の強化が図られる。同時に、女性が社会の中で能力を発揮することが政策的に促

進される。［……］

モンゴメリはずっと女性として二重労働に勤しんできた。ものを書くことの欲求は抑えられなかったが、かといって結婚しない人生は許されなかった。結婚すれば家事と育児はモンゴメリの肩に押しかかるが、そういう義務を一切引き受けてきた女性である。

ここからは推測だが、『赤毛のアン』のファンである日本人女性は、アンのように教師になったり、モンゴメリのように表現者になったりと家庭の中にいるのだけではない人生をその後送ってきたかもしれない。同時に、結婚すれば家事を自分が引き受け、子どもの世話も専ら自分がするという、仕事と家事の二重労働を自ら行ってきた人が多いのではないだろうか。［……］

『赤毛のアン』が少女たちの中に普及していった当時、日本は未曽有の経済成長期にあった。経済成長の原動力は、結婚までは外で働き結婚すると家で働き、どこにいようが真面目で勤勉に社会の一隅を照らしてきた日本人女性の精神にあった。それらがすべて『赤毛のアン』によって涵養されたとまでは言わない。が、世界最強のペースで少子高齢化の進む現在、外で働きながら同時に子どもも産んでくれる女性が切実に求められているのは事実である。（三四七—三四九）

右記の引用のなかで小倉が懸念しているのは、女性のさらなる労働市場への参入が推進される今日の日本で、家事や家庭内のケア労働の男女共同化や社会化については進められず、一層の負荷が女性にのみのしかかかり、テレビドラマ『花子とアン』の放映により国内で再び女性の関心を引き付けている、アンや作家モンゴメリ、そして言外には翻訳者村岡花子をロール・モデルとする日本人女性が家庭の内外における二重労働に苦しむことである。二〇一二年に発足した、第二次安倍内閣の成長戦略では、「女性の活躍」が中核に位置づけられている。安倍政権の経済政策では、「我が国最大の潜在力である『女性の力』を最大限発揮できるようにすることが不可欠」として、女性の力を日本企業の再興の中心的な担い手として位置づけ（『日本再興戦略』改訂二〇一四年――未来への挑戦」）、女性の管理職比率や採用比率について明確な成果指標を定めている。さらに、二〇一五年八月には、「女性活躍推進法」も成立した。同法は、国、地方自治体、企業等に、女性の採用比率や管理職比率のいずれかについて目標を定めることなどを義務づけている。しかし、日本弁護士連合会によると、同法に関連して、「男女賃金格差」「身分が不安定で、低賃金の非正規雇用」「長時間労働」「仕事と子育てとの両立の困難」等の実効性のある解決策については、具体的な施策が示されていない問題を指摘している（一二二）。今日、日本も米国と同様に新自由主義的経済政策をとっており、女性の労働力の活用は経済再興の鍵と見なされている。このような女性労働力政策が進められるなか、テレビドラマ『花子とアン』の主人公村岡花子が、今日政府が女性に期待する家庭内でのケアと職場での労働という二重労働を立派にこなすお手本になることを、小倉は憂慮している。しかしながら、テレビドラマ『花子とアン』は放映終了後総じて見れば、この小倉の不安を払拭するような要素を数多く含んでいた。『花子とアン』は先に見た米国映画二作のようにポストフェミニズムの枠内に収まらず、新自由主義的なジェンダー再編について疑念を随所で呈していた。

『花子とアン』の粗筋は次のとおりである。本作は、『赤毛のアン』に代表される英語圏児童文学の翻訳をし、明治から昭和の世界大戦を含む激動の時代を職業婦人として生き抜いた村岡花子の半生をもとにしたテレビドラマである。花子は山梨の貧しい農家に生まれたが、幼いころから学業に秀でていた。東京の女学校で英語を学び、翻訳家の道へ進む。花子の翻訳の才能に一早く気づきその翻訳業を支えるのは、出版社を営む村岡英治だった。花子は村岡と結婚する。村岡は深い愛情と敬意をもって花子を支え、花子が家事に疲弊せずに翻訳業と執筆業に専念できるように、当時まだ一般に普及していなかったガスを自宅に引く。職業婦人として文化的で安定した暮らしを送る花子には二人の妹がいた。妹たちは二人とも花子とは違い、持つべきものを持たぬ女性として搾取される辛い経験をする。上の妹かよは十代の少女のうちから、生活のために製糸工場へ女工として働きに出るが、過酷な労働に耐えきれず、東京で女学院に通っていた姉花子の元に逃げこみ保護される。紆余曲折を経て最終的には、かよはカフェを経営することになり、単身で経済的に自立する。下の妹ももは開拓の地北海道の農家に嫁ぐが、夫の病死後婚家から冷遇され、貧困に苦しむ。その後婚家から逃亡し、不遇な女性を保護する白蓮の噂を聞きつけ、東京を訪ねる。ももは東京で再会した花子と英治の勧めで村岡家に世話になるなか、自分と違い恵まれた生活を送る花子に妬みの感情を抱く。その後かよのカフェの常連客の画家に見初められ再婚し、夫は村岡の出版業を手伝うようになり、花子とは深い愛情で結ばれた拡大家族を形成するのだった。一人息子を病気で失った花子のために、ももは自分の長女を養子に出すことを申し出るのだった。

『花子とアン』の主人公花子は因習的なジェンダー分業に囚われず、結婚後も継続して翻訳業に携わり、その才能を発揮することが肯定的に描かれている。この点は、比喩的な読みのレベルにおいては、日本の女性を「輝かせ」、国の経済発展のために女性が再生産だけでなく生産にも携わることを推奨する安倍政権の姿勢と重なる。他方で、勝ち組女性の花子の活躍のみを華々しく描くのに終始するのではなく、男性優位のイエ制度、女性蔑視、性別役割分担により、女性たちが搾取されることを花子の二人の妹のエピソードを通して批判的に描いている点においては、同性愛や選択的夫婦別姓に反対して、イエ制度を守ろうとする現代日本で支配的なジェンダー観を、比喩的なレベルでこのドラマは否定しているように読める。さらに、姉妹間（女性間の）格差も是正されるべきものとして描かれている点において、象徴的な位相では新自由主義的な現在が否定されている。また、花子の妹たちの苦境は、先に確認した米国映画二作とは異なり、個人の責任によるものではなく、彼女たちを取り巻く社会制度がもたらしたものとして描かれていることにも注目したい。このため、比喩的なレベルでは、今日の日本女性の貧困も社会構造に起因するところが大きいという解釈ができるのだ。

テレビドラマのなかの花子は四人兄弟で、二人の妹以外に兄・吉太郎がいる。これに対して実在の村岡花子は八人兄弟の長子であり、兄はおらず、貧しい暮らしのなかで、兄弟のうち花子、次女、三女を残して、皆養子や奉公などで家を出されている。花子以外の兄弟が、十分な教育を受けられず、花子のような社会上昇の機会を与えられなかった点はテレビドラマと同様である。ドラマのなかで、兄・吉太郎は、花子が東京で学業生活を送るのを経済的に支えるために実家安東家が総出で刻苦して農作業に追われた過去の苦しみを、花子の前で吐露する。ここで、花子は男性である兄よりも経済的・社会的に優位な存在であるとされ、比喩的なレベルでは花子は男性であるという解釈が可能になる。この視点に立てば、このドラマは象徴的には、男性（である花子）の成功が家族の、「女性たち」

の過酷な無償労働あるいは低賃金労働という犠牲の上に成り立っていることを明るみに出し、批判しているように読める。ももや吉太郎の過去の窮状を知った上で、花子は、ももを実家に連れて帰ろうとする父母に対して、ももには東京に残り、自分と一緒に暮らしてほしいと、次のように訴える。「今の私があるのは、家族みんなが働いている中、私だけ、思いっきし勉強さしてもらったからじゃん。ももにも感謝してるだ。ほれを少しでも返したいの」（『花子とアン』第一二五話）。この花子の言葉を比喩的に解釈すれば、ここでは、女性の犠牲の上に成り立つ家父長制が否定され、より公正な再配分が求められているといえる。したがって、この文脈上では、このドラマは女性間格差に焦点を合わせることで今日の女性の貧困を捉えようとし、女性たちが余儀なくされる二重労働や男女間格差を不可視化する性質をもつポストフェミニズムとは一線を画しているといえるであろう。

おわりに

今日の日本と合衆国において、新自由主義の浸透を免れているところを見つけるのは極めて難しい。今や、教育、文化、社会、政治、行政、経済とあらゆる領域が市場原理に基づいて再編されようとしているなか、さらには、新自由主義的体制が構造的に従属的な女性労働を必要としていることが明らかとなるなか、新自由主義的ジェンダー配置の定着の文化的な過程と仕組みについて分析することは一考に値するように思われる。本稿では、今日、日米において深刻化している女性の貧困が、ポピュラーカルチャーのなかで「姉妹間の格差」というモチーフを通して表現されることと新自由主義的な主体構築とジェンダー再編との関係について考察した。その結果、女性の貧困が「姉妹間の格差」として表現されることによって、今日の新自由主義体制が構造的に従属的で情動的な労働を必要としているという問題や男女間の格差は後景に押しやられて見えにくいものとなり、妹の人物造形と姉の成功との並置を通して、女性の貧困が存在するとすれば、それは彼女たちの能力と努力の不足という自己責任の問題によるものだというメッセージが生成される構図が二点の二〇〇〇年代ブッシュ政権時の映画のなかで確認された。さらに、特にこれらの姉妹表象のなかには、女性の貧困を実際的に解決するための鍵となる、家事、育児、介護の男女共同化・社会化・価値化を求める言説はまったく認められず、新自由主義体制を支えるのにふさわしい、ケア労働や結婚に喜びや生きがいを見出す女性が肯定的に描かれていた。それに対して、新自由主義に対する世界的な懐疑が深まった二〇〇八年のリーマン・ショック以降の作品となる日本のテレビドラマ『花子とアン』では、新自由主義的なジェンダー配置への疑問が呈され、主人公花子のため家事の負担軽減に努める夫や、花子の兄妹関係の表象を通して、ケアの男女共同化や価値化を求めているのが確認された。第二波フェミニズムはその理想として、女性の従属の解決には社会構造そのものの変革が必要であると訴え、ジェンダー分業を否定し、無償で女性が行なっているケア労働の社会的価値を高めることを目指した。こうして、ポスト新自由主義的なメッセージを含む『花子とアン』は「フェミニズムは終わっていない」ことを示唆している。

＊本章は『言語文化』第五五号（一橋大学語学研究室出版、二〇一九年）所収論文を一部改めたものである。

◉註

（1）ハーヴェイによると、一九七〇年代後半に新自由主義政策が実行された米国において、国民所得のうち上位一％の所得者の収入が占める総所得の割合が、戦後八％未満に落ち込んだ水準から二〇〇〇年には十六％に回復し、また、最高経営責任者と労働者の給与の平均値の比率が、三〇対一から五百対一に拡大したことが計測された。

◉引用文献

Center for American Progress. “Understanding Mobility in America.” *Center for American Progress*. April 26, 2006, https://www.americanprogress.org/issues/economy/news/2006/04/26/1917/understanding-mobility-in-america/

Chomsky, Noam. *Requiem for the American Dream: The 10 Principles of Concentration of Wealth & Power*. New York: Seven Stories Press, 2017. Digital.（寺島隆吉、寺島美紀子 訳『アメリカンドリームの終わり あるいは、富と権力を集中させる10の原理』ディスカヴァー・トゥエンティワン、二〇一七年。）

Faludi, Susan. *Backlash: The Undeclared War against American Women*. New York: Crown, 1991. Digital.（伊藤由紀子、加藤真樹子訳『バックラッシュ——逆襲される女たち』新潮社、一九九四年。）

Frazer, Nancy. 'Feminism, Capitalism and the Cunning of History', *New Left Review* 2:56 March/April 2009. 97-117.（関口すみ子訳「フェミニズム、資本主義、歴史の狡猾さ」『法学志林』第一〇九巻第１号、二〇一一年。二七—五一）

Gill, Rosalind. “Post-postfeminism?: new feminism visibilities in postfeminist times”, *Feminist Media Studies*, 16:4, 610-630.

2016.

Hardt, Michael and Antonio Negri. *Commonwealth*. Boston: Harvard UP, 2009.（水嶋一憲監訳、『コモンウェルス―〈帝国〉を超える革命論―（上・下）』ＮＨＫ出版、二〇一二年。）

Harvey, David. *A Brief History of Neoliberalism*. New York: Oxford UP, 2005.

Kelan, Elizabeth. *Performing Gender at Work*. New York: Palgrave Macmillan, 2009.

Obama, Barack. “This is What a Feminist Looks Like.” *Glamour.* August 4, 2016. https://www.glamour.com/story/glamour-exclusive-president-barack-obama-says-this-is-what-a-feminist-looks-like

Pearce, Diana. “The Feminization of Poverty: Women, Work, and Welfare.” *Urban and Social Change Review* 11. 1978. Digital.

Tredell, Nicholas. *F. Scott Fitzgerald: The Great Gatsby*. New York: Columbia UP, 1999.

National Women’s Law Center. “National Snapshot: Poverty Among Women and Families, 2012.” *Poverty and Family Supports*. September 2013, http://www.nwlc.org/sites/default/files/pdfs/povertysnapshot2012.pdf

Zaslow, Emilie. *Feminism, Inc.: Coming of Age in Girl Power Media Culture*. New York: Palgrave Macmillan, 2009. Digital.

小倉千加子『「赤毛のアン」の秘密』岩波書店、二〇一四年。

河野真太郎『戦う姫、働く少女』堀之内出版、二〇一七年。

日本弁護士連合会第58回人権擁護大会シンポジウム第１分科会実行委員会『女性と労働――貧困を克服し男女ともに人間らしく豊かに生活するために』旬報社、二〇一七年。

第四章　中国都市の「広場舞の女性たち」
——公共空間で踊ることの意味

南　裕子

はじめに

　中国に行くとよく見かける光景は、朝晩の公園や広場で、男女を問わず多くの人々が思い思いに健康づくりや余暇を楽しむ姿である。太極拳などの武術、気功や健康体操、トランプや中国将棋、楽器演奏、凧揚げなどが見られるが、そのなかでも目立つのは、「広場舞」と呼ばれるダンスをする人々である。軽快な音楽に合わせて、縦横の列をなして踊っている。しかも、広場舞の参加者は中高年の女性たちが多数を占め、彼女たちは実に生き生きと、堂々と胸を張って踊っている。

　この広場舞は、二〇一〇年代半ばにさしかかるころから、社会的にも目立つ存在になっていった。劉金は、人民日報社のインターネットサイトである「人民網」を利用して、広場舞をキーワードにニュース記事検索をした（一七四、一七七―一七八）。それによると、調査をした二〇一四年六月三〇日までに、「人民網」上では一〇二六件の報道があり、最初の報道は二〇〇四年九月一五日に確認された。その後、二〇一三年上半期に報道数が五〇件を超え六〇件となり、二〇一三年下半期には一気に三六八件に達し、二〇一四年上半期は四九〇件となった。広場舞が近隣住民に迷惑をかけていることや、迷惑を被った側の過激な抗議活動に関する報道が、二〇一三年以降に急増したのである。こうして広場舞は社会問題にもなり、その対応について、マスコミや学術界で議論がなされ、政府のガバナンスの問題としてとらえられることもあった。

　踊りは、自らの身体を用いて行なう自己表現であり、個人的な内面の発露であるだけでなく、時には政治的、社会的意味を付与されることもある。本稿では、なぜとりわけある世代の中国女性たちが屋外の公共空間で踊るようになったのか、という素朴な疑問を出発点として、広場舞が、現代中国においてもつ多様な意味を、ジェンダー問題と関連付けながら考えてみたい。特に、前述のように広場舞が社会問題化したことを通じて、広場舞に参加する女性たちに社会が向けるまなざし、そして彼女たちが置かれている政治的な文脈を読み解きたい。

なお、広場舞は、近年は農村部でも行なわれるようになっているが、本稿では都市における広場舞とその参加者を対象に議論をしてゆく。

一　広場舞とは

広場舞は、各地で自発的に始められたこともあり、その開始時期は明確になっていない。個別の事例になるが、上海の黄埔公園では、メンバーが確定したダンスグループは一九九五年頃から結成されていることが確認されており、公園で踊る人々自体は一九九〇年ごろにはもう存在したようである（李華ほか、二〇一五）。

広場舞に参加する人口についても、管見によれば、公式な全国統計はない。ただ、広場舞の大流行をビジネスチャンスととらえる向きもあり、方恵という起業家が二〇一五年に発表した「中国広場舞業界報告」に記載された約八〇〇〇万から一億人程度という数字があり、この数字は業界でも妥当なものとみなされているようである[1]。

以下本節では、広場舞について、どこで、どのような人々が行なっているものなのかをまず見ておこう。

（1）広場舞の場所

広場舞は文字通り、広場、公園という公共空間で行なわれているが、大きく二つのタイプに分けて説明したい。

一つは、社区公園、広場などと呼ばれる場所である。中国の都市の一般的な住宅形式は団地タイプの集合住宅である（中国語では「小区」という）。小区内の空き地やその内外に整備されている公園が、広場舞の場所となっている。住民にとって徒歩圏にある身近な場所である。しかし経済発展と共に、小区内の空きスペースも、駐車場や商業的利用が優先されるようになり、広場舞の場所の確保が問題となっている。余暇活動グループ間の場所争い、住民の駐車スペースとの衝突、居住エリアとの接近による騒音問題も起きやすい。

もう一つは、日本でいえば都市基幹公園や大規模公園に相当するような規模や機能をもった総合公園である。建国以前から存在するものもあれば、社会主義国家建設の一環として整備されたものもある。都市中心部にあり、人民広場、人民公園の名称がついているものは後者の代表的な例である。そして、改革開放以降、一九九〇年代に入り、都市再開発のなかで各地に新たに公園・広場が整備されている。また、二〇〇一年以降、全国各地の大都市では、これまで入場料を徴収していた公園の無料化が進められるようになった。

（２）広場舞の主たる参加者

①社会主義の集団化時代の体験の共有

本稿では、二〇〇〇年代に入ってからの広場舞について議論する。参加者は主として中高年の女性で、一九五〇年代、六〇年代生まれである。既に退職、またはもう間もなく退職を迎えるような人たちとなる。(2) 以下、広場舞の中心的な担い手であるこの世代の女性たちを「広場舞の女性たち」と称することにする。

広場舞の女性たちについては、孤独感、喪失感を抱える世代というとらえ方をする研究は多い（王、七四―七五：米、「認同、帰属與愉悦」、六五―六八：童、二九―三二など）。その要因として、退職後の社会とのかかわりの喪失、家庭生活の面での変化（子育てが一段落、家庭生活での主導権が若い世代に移るなど）が挙げられている。中高年期のライフステージにおいて、これはある程度一般的なものであるといえるだろう。

広場舞の女性たちの孤独感、喪失感について、これらの研究はさらに、中国における一九五〇年代および一九六〇年代初頭生まれの人々の世代としての独自の特徴にも注目している。彼女たちが学校教育を受け、職業生活に入った時代は、社会主義の集団化の時代、文化大革命による政治運動、大衆動員の時代と重なるか、またはその影響の残る時期であった。女性も労働者として社会主義建設に参加し、職場での政治運動にも積極的に参加することが求められた。

こうした時代背景は、この世代の人々の人格形成に大きく影響した。張兆曙は、「集団化人格」の形成として論じている。それは、「集団主義の価値論理であり、個人化の傾向に対しては自己抑制をし、親密な関係に美しい憧れを持ち、団体生活へ熱心に参加し、集団の成就を私心無く分かち合うなどに表れる」という（張、一一二）。

集団とは最終的には社会主義体制下の国家となるが、都市民にとっての日常的な集団は「単位」であった。単位は一般には勤め先のことであり、工場、商店、学校、医院、研究所、文化団体、党・政府機関などになる。だが、それは単なる職場以上の意味をもった。単位が本業の業務以外にさまざまな機能を備えていたためである。住宅、医療、年金、教育、娯楽などが単位によって提供され、退職後もそれは続いた。計画経済下のため、単位以外の場ではこれらの調達は困難であり、単位は、構成員およびその家族の生活を丸抱えし面倒を見る一方で、その構成員の政治的、社会的な活動をコントロールしていた。都市民は、単位から支配と生活の保障を受ける関係にあったのである。そして、各単位には、党組織が設置され、主管行政機構も存在したため、最終的には、党・政府により都市民の一元的な管理が可能になっていた。

②改革開放に伴う環境変化

一九七八年末からの改革開放政策により、中国社会は脱集団化、個人化していった。国有企業改革が本格化する一九九〇年代以降には、単位の解体が進行した。単位は、近代的な競争力のある企業組織への転換を求められ、これまで担っていた本業以外の機能を切り離した。また、国有企業改革により、倒産やリストラにより大量の失業者やレイオフが発生した。中年女性がその対象となることも多かった。

そして、中国社会の人口の流動性も高まり、近年では「老漂族」という言葉も聞かれるようになった。これは、都市に暮らす子供夫婦のため、地方から移動した親のことで、親は孫の世話をする。このほかにも、より良い教育を求めて都市の学校で学ぶ子どもに付き添って、地方から移動する母親（時には祖母）も見られる。このように外地から来て、知り合いもいない状態におかれ孤独を抱えていた女性たちも、広場舞に参加するようになった。

二　なぜ広場で踊るのか

（１）広場舞に求めるもの

広場舞の女性たちが踊る理由は、既存研究をまとめると大きく次の三つを挙げることができるだろう。

①健康維持、健康づくり

年齢的にも健康への不安、関心が高まる世代であるが、中国においてはこれまで、高い医療費、病院での受診の大変さ（受診の順番待ち）が社会問題になっていた。

また、健康づくりへの機運が高まったこともある。詳細については後述するが、一九九五年には、健康づくりに国民的に取り組む政策として「全民健身計画綱要」が出され、意識啓発、環境整備が行なわれた。そして、二〇〇八年に開催された北京オリンピックの影響も大きい。

②自己表現、自分自身のライフスタイルの追求

これは、退職後に新しい社会参加の場を得て、社会的地位や他者からの承認を求めようとする心

理と関係する（曹・蔡、九八―九九：楊・諸、一二八―一二九など）。グループのリーダーとして、ダンスを教え、運営を仕切る姿は、職場で指導的立場であった人々にとって、自己の社会的価値の維持やあらたな権威の獲得を示すことになる。そしてダンスの能力が高ければ、仲間や周囲の見物人からの賞賛により、自己肯定感をもつことができる。また、広場舞の大会へ地域代表として出場したり、政府関係のイベントに出演したりすることで、公的な承認、栄誉も得られる。

その他に、家庭のためだけではなく生きる自分を示そうとする人々もいる。家庭生活との両立をはかりつつ、退職後の単調な生活を解消し、個人としての生活、他者とのつながりをもとうとする意識が広場舞へ向かわせるのである（方、三二、三五：楊・諸、一二九―一三〇など）。また、米莉は、市場経済化の時代に、中年女性世代が職業生活において抱えるジェンダー問題と広場舞への参加の関係を論じている（「認同、帰属與愉悦」六七）。それによると、市場経済化によって、家庭という私的領域は社会の公共生活から分離されたが、私的領域における父権主義の伝統や保守性は打破されなかったという。むしろ「集団化の時代と比べて、市場経済の生産システムは、より鮮明な性別役割を基礎としていた」（六七）。このため、女性は、出産以降に昇進が難しくなったり、家庭に事情がある際には仕事よりも家庭を優先することを期待され、実際にそのような選択した女性も少なくない。そうした女性たちにとっても、広場舞は、家庭外での個人としての価値と公共生活での充実を示すことができる場になっていた。

③集団への帰属意識

前述②は、個人としての意識の覚醒や個としての自己を主張する姿であったが、同時に、アイデンティティをもつことができる、安心できる所属集団を求める意識も存在し、それが広場舞への参加につながっていることも指摘されている（曹・蔡、九七―九八：米、「認同、帰属與愉悦」、六四―六五：楊・諸、一三二など）。広場舞の女性たちの世代には、前節で述べたような過去に形成された「集団化人格」や集団主義時代の生活の記憶が残っており、それがこうした意識をもたらすという。

だが、改革開放以降、中国社会も個人化の趨勢にある。この観点から張兆曙は、広場舞の女性たちは、集団化時代に形成された自己の人格と改革開放後に個人化が進む時代との間で、焦りや困惑を抱えながら職業生活を続けてきたと分析する（一二〇―一二一）。退職後に出会った広場舞は、帰属集団を求める気持ちに応え、また個人化社会の孤独感を癒してくれるものとなったという。

（2）共有されるダンス体験、記憶

前項では、広場舞の女性たちが何を求めて踊るのかを説明したが、そのニーズを満たすものは必ずしもダンスである必要はないともいえる。では、なぜ踊るのか。実は広場舞の女性たちと踊ることの間には、歴史的なつながりが存在する。

①毛沢東時代の集団舞踊の経験

広場舞の女性たちの多くは、集団で踊ることの記憶を共有していた。

その一つは、「忠字舞」と呼ばれる舞踊であり、文化大革命の高まりと共に、一九六六年から一九六九年にかけて流行した。軍装で赤い五角の星形のついた帽子を被り、鞄を斜め掛けにするといういでたちで、毛沢東への忠誠、崇拝を歌舞で表現した。職場、学校、人民公社で日常的に踊られ、祝賀行事などでは隊列をなして百人、千人単位が参加したという。なお閻と聶によれば、簡単な振付けであることから老若男女を問わず踊っていたとされる（一五〇）。だが、現在インターネット上で見ることのできる当時の写真や映画のシーンでは、若い女性が中心になっている姿が多い。

忠字舞は、政治的要因により、行なわれた期間は短かったが、文革中はこれ以外にも、政治的な宣伝のために集団舞踊が行なわれた。学校で選抜されて、広場、街角、鉱山区等で踊った経験をもつ広場舞女性もいる。

王芊霓や楊君・諸秋純は、この時代に、所属組織からの動員により、毛沢東や社会主義国家体制のために集団で踊ったことにより、人々に集団主義が内面化され、集団で屋外で踊るというハビトゥスが形成されたと論じている。

②社交ダンスの復活と広場舞

文革終了後、社交ダンスが「復活」し大ブームとなった。社交ダンスの復活の背景について、ジェンダー論の視点から、大浜慶子は、思想も解放されるようになった改革開放初期には、「集団の中に埋没した個の存在そのものを取り戻し、主体を確立させるために」、男女ともにジェンダー・アイデンティティが強く求められていたことを指摘する（二八）。そして、男女がペアになる社交ダンスは、対幻想として、集団（共同）幻想に対置され、集団（共同）幻想への個の取り込みに歯止めをかけるものとして、民衆の間で復活したと見ることができるのではないかと考察している。

しかし、社交ダンスの参加者の男女比は不均衡になっていった。女性たちは「積極的に美を表現しようと大挙して押し寄せた」のであるが、男性は相応に増えることはなく、むしろ徐々に社交ダンスから退出しており、「ダンスは女性のやる娯楽」に転換してしまった（大浜、二九）。

また、女性のなかでも社交ダンスから退出した人たちがいる。改革開放初期には、まだ前時代の影響が残っており、社交ダンスをブルジョア階級の文化とみなし警戒する風潮もあった。妻が社交ダンスを行なうことに反対した男性も少なくなかったのである。こうして一部の女性たちは、自分自身でも社交ダンスに良いイメージを持てなかったり、また世論や家庭内の圧力によって、社交ダンスから離れていった。こうした人々が広場舞へ移行したという見方もある（楊・諸、二一七）。どれほどの広場舞の女性たちが社交ダンスの経験を経ているのか、管見の限りそれを探る手がかりとなる資料はないのだが、社交ダンスブームは、少なくとも、女性が公共の場所で踊り、自己表現することへの橋渡しをしたといえるのではないかと考える。

三　社会問題化した広場舞

(1) 広場舞をめぐるトラブル

広場舞をめぐっては、前述のように、二〇一三年ごろからメディアでも取り上げられるような事件が起きるようになった。それは公共空間の利用をめぐるトラブルで、主として騒音問題であった。

トラブルの具体的な例を、経済や時事問題の報道で定評のある「財新」メディアのウェブサイト「財新網」の写真報道コーナーの記事で見てみよう。二〇一四年四月二八日付で「公共の敵広場舞（公敵広場舞）」というタイトルで一一枚の写真とその解説が掲載された。[3]その内容は、大きく二つに分かれ、一つは騒音に対する四つの抗議行為、もう一つは対策事例である。抗議行為は、①四川省成都市で、騒音に悩む住民が、話し合いで埒が明かなかった末に、マンションの上の階から広場に向けて、いくつもの水袋を投下（二〇一三年四月一二日）、②浙江省温州市で、住民が二六万元を出して、遠方の一定方向に音を向けることのできる特殊な拡声器を購入し、騒音には騒音で対抗（二〇一四年三月三〇日）、③広西省南寧市で、毎晩のダンス音で休息のとれない小区の住民が、ベランダに大きく「吵（うるさい）」と書いた幕を張り出して抗議（二〇一三年一一月一日）、④広東省広州市で、広場舞参加女性が、どこから飛来したのか不明な鉄の玉を被弾し腕にあざ（二〇一二年八月二一日）。そして、対策のための取り組みで紹介されているのは、湖南省長沙市のある社区の光景である。(4) 女性たちが、掲示板に公示された、広場舞の管理制度を読む様子や、朝夕の決められた時間に、音量を落とし、社区の管理員が立ち合い監督するなかで広場舞をする写真が掲載されている（二〇一三年一一月一九日）。

同じく「財新網」の写真報道コーナーでは、二〇一六年一二月七日付の記事でも、「広場舞のおばさんが鋼球の攻撃に見舞われる　大きさは大豆の粒程度（広場舞大媽遭遇鋼珠襲撃 大小如黄豆粒）」というタイトルで再び広場舞を取り上げている。飛来した鋼球や被害を受けた女性に加えて、小区の広場の花壇に目立つ色で書かれた「音量を下げろ」等の抗議フレーズの写真なども掲載されている。(5)

こうした音についてのトラブルは、広場舞に限られたことではないが、広場舞に突出している。広場舞では、躍動的なリズムで、周囲にはやや騒がしいとも受け取られる音楽を、列の後方の参加者にも届くように、また踊り手を鼓舞するためにも大音量で流す。狭いスペースにいくつかの広場舞グループが近接することも音の問題を深刻化させる。

さらに、そもそも外で踊ることがトラブルをもたらすともいえる。体育館のような屋内ではなく、広場や公園が選択される理由について、一つは、中国古来の養生理念がある。それによると、屋外は自然とのつながりがあり、健康増進には重要で、参加者もより伸び伸びと心地よい気分になるという（王、八〇）。二つ目は、毛沢東時代の屋外での集団ダンスの経験が、この世代に内面化されたということがある。三つ目も、前節の議論と重なるが、人に見られる場所で踊ることで、社会とのつながりや社会に対する自己表現、承認要求を満たすことも可能となる。四つ目は、立地とコスト面での優位性である。広場や公園は、家の近くにあり無料で使用できる。室内の施設を利用すると、空調費など施設利用費用が生じることもある。

（２）公共空間で踊る女性たちへのまなざし

こうしたトラブルを契機に、メディアの論調やネット上での書き込みでは、広場舞の女性たちへの非難や彼女たちを揶揄する声が増加した。前述の「財新網」の写真報道コーナーのタイトルも「公共の敵」であり、世の中の一般的な価値観にそぐわない存在としてとらえられていることがうかがえる。

インターネット世論については、「はじめに」で紹介した劉金の調査で再び見てみよう（一八五―一九〇）。劉は「人民網」の他に、中国の大手の民間の掲示板サイト「天涯社区」の書き込みについても分析している。党と政府の代弁者である「人民網」に比べると、「天涯社区」の方がより一般の人々の声が反映される。「天涯社区」での広場舞に関するスレッド数は、二〇一三年後半にマイナス評価の書き込みが急増した（上半期の八から一一一へ。なお、プラス評価は一八から二九へ）。マイナス評価の書き込みのほとんどには、ネットスラングの罵り言葉が使われていたという。最も長くなった（＝書き込みが多かった）スレッドのタイトルは、「広場舞のおばさんはなんと凶暴残忍なことか、全世界が全て彼女たちのものだ…どうして魚釣島を占領しに行かないのか…」で、駐車の場所を求める人々と揉めたケースについてであった。

広場で踊る女性は、「広場舞大媽」と呼ばれている。「大媽（おばさん）」という語は、本来は、年上の既婚女性に対する尊称である。だが、「広場舞大媽」はマイナスイメージのある言葉になってしまっている。

このようなイメージ形成にはマスメディアの影響も大きい。その一つがマスメディアの商業化である。李前進と賈広恵は、マスメディアは大衆への訴求力を高めるために、広場舞反対者たちとの具体的な衝突場面を突出させて描き、女性たちの笑える、面白おかしいさまざまな動作・様子（革命歌劇の扮装、高速の渋滞の間に踊りだす、ミスタービーンと共演など）を、見世物にするかのように提示していると指摘する。こうして「大媽」は消費される記号になり、「自己表現に夢中になり、他人と衝突しやすく、おかしなことをやり、嘲笑を受け、醜態を演じる人々を暗喩している」という（李・賈、四九）。

もう一つは、マスメディアが、現在の中国の都市の経済社会で主流となっている中産階級の価値観を主導していることである。その価値観からすれば、現代都市の公共空間は静かで秩序だっているべきとなる。朝に夜に騒がしい広場舞は、当然それにはそぐわない。また、潘妮妮も大衆メディアが打ち出す中産階級・市民の価値観から見れば、「大媽」は、「現代社会とは相容れない集団的性格を持っていることを暗示」する表現であると述べている（二六）。なぜならば、彼女たちは、立ち居振る舞いに上品さを欠き、大衆動員に服従することを経験し覚えたため、個人主義的な開放社会の公共参加の方式には適応しないなどの特徴をもつからである。

そして、「広場舞大媽」にはスティグマが付されていると論じる王芊霓は、ジェンダーの観点も加えて、広場舞の女性たちが今日の都市社会の主流となる価値観に合わないことを次のように論じている（七六―七八）。現在の消費社会は、女性に美しくあることやセクシーさを追求するよう刺激している。中高年の女性たちもそうした刺激を受け、ダンスの種類や振り付け、衣装で美やセクシーさを自己表現しようとする。(6)しかし、ジェンダー規範の伝統回帰、保守的傾向の見られる今日の中国社会においては、中高年女性がそのように振る舞うことは期待されていない。また、家庭の維持、安定の責任は女性がより多く担うものという意識も強まり、広場舞に出かけることは、自分の趣味に走り家庭を顧みないと誤解されやすい。またたとえ三〇歳代の若い女性であっても、既婚者であれば上の世代の女性たちと同様に、公共の場所で体をくねらせるようなことはよろしくないとされてしまうのである。

四　広場舞の女性たちの弱さと強さ――広場舞の政治的意味

騒音問題など、広場舞の女性たち自身にも非がないわけではないが、前述のように、彼女たちへの周囲からのまなざしは厳しい。メディアではいわゆるネタにされてもいる。だがそれに対する広場舞の女性たちの思いや言い分は、我々にはなかなか聞こえてこない。抗議者との衝突の現場では激しく主張もしているようであるが、彼女たちの社会的な発言力、発信力の弱さをここにうかがうことができるだろう。

しかし、かわいそうな弱者としてのみとらえるのでは不十分ではないかと考える。中国政府は広場舞には肯定的で寛容である。他の市民に迷惑をかけ、小競り合いから時には過激な抗議活動という市民間の衝突を引き起こしても、広場舞は存在し続け、政府が活動停止の圧力をかけたり、取り締まろうとはしていない。

むしろ、国民的な健康づくり、そして、都市建設、都市の地域コミュティづくりといった政策は、広場舞を支持し、環境を整備するものであった。この点を少し具体的に見てみよう。

まず、国民的な健康づくりに関しては、「全民健身計画」における広場舞の位置づけがある。一九九五年に「全民健身計画綱要」が策定され、さまざまな年代、地域の民衆が体育活動を行なえることを目標に、そのための体制づくりが示された。その後、二〇一一年の「全民健身計画（二〇一一―二〇一五年）」では、国民的な健康づくり活動の内容をさらに豊かにするために、大衆に好まれ行ないやすい健康活動も大いに展開することが記載されている。その種目のなかに、太極拳、伝統武術、健康気功などと並んで「健身操（舞）」があり、これは広場舞とほぼ同様のものとみなすことができるだろう。そして次の「全民健身計画（二〇一六―二〇二〇年）」になると、ジョギング、サイクリング、水泳、球技等と並び、広場舞も大いに発展させる種目として列挙されている。

また、二〇〇八年の北京オリンピックの際には、国民に健康とスポーツへの意識啓発がなされ、広場舞は、「国民的健康づくりの〝代表〟、〝象徴〟そして〝模範〟として推奨された」（「重建女性主体価値」、六五）。

そして、都市建設においては、二〇〇五年から始められた全国文明都市建設活動が広場舞とかかわりをもつ。この活動が目指す文明都市とは、共産党の担当部署によれば、物質文明、政治文明と精神文明（＝文化的道徳的な面）が調和して発展し、精神文明建設が顕著な成果を納め、市民全体の素養と都市文明の程度が比較的高い都市とされる。

全国文明都市に認定されるためには、評価基準をクリアする必要がある。著者が調べることのできた評価基準表は二〇一七年のものであるが、それは三大項目、一二の中項目、九〇の小項目、そして一八八の評価基準から構成されている。(7) この評価基準のなかに、全民健身活動の展開、その場所の提供があり、数値目標化されている。

また、中国の都市では、二〇〇〇年代以降、コミュニティづくり（「社区建設」）やコミュニティサービス（「社区服務」）の取り組みが本格化している。そのなかで、地域住民の文化娯楽、健康体育活動の場所の提供と活動の支援、展開が求められている。

以上のような政策は、広場舞だけではなく、他の民衆の余暇体育活動も支援するものであるが、さらに注目されるのは、広場舞に対して次のような通知が出されていることである。これらはトラブルの多発する広場舞活動が、そうした状態を脱し継続できるよう支援、方向づけるものである。

一つ目の通知は、二〇一五年に、中央省庁である文化部、国家体育総局、民政部、住房和城郷建設部が連名で発出した「広場舞活動の健全な展開を導くことに関する通知（関於引導広場舞活動健康開展的通知）」である。まずこの通知では、広場舞に対して、民衆の文化的生活を豊かにし、健康づくり活動の展開等において積極的な役割を果たすものであるという肯定的評価がなされている。その上で、ソフト面や場所を含むハードの面でのサポートの実施、そして管理が求められている。管理は、政府関係部門の指導の強化と共に、広場舞グループ自身による自己管理も含まれている。

そして二つ目は、国家体育総局による二〇一七年の「さらに広場舞健康づくり活動を規範化することについての通知（関於進一歩規範広場舞健身活動的通知）」である。二〇一五年の通知があったものの、広場舞問題が依然として解決しないため、さらにこの通知が出された。主な内容は、①広場舞の活動場所の増設、②活動の規範化、③活動グループの組織強化と団体化、④関連部門の連携、である。②では、活動場所の管理主体による規則制定と各活動グループによる自律的な自己管理を求めている。③については、地域ごとに広場舞の状況を把握し、条件の整った広場舞グループは行政に組織登録し、それらを組織化して自律的な管理を行なう協会を設立するという道筋が示されている。また、登録したグループへは行政が支援を提供することとされた。さらに、グループのリーダーが社会体育指導員の資格を取得できるよう行政が育成、支援し、資格取得後は体育行政部門の広場舞管理を補助させることも記されている。

広場舞がこのように保護されている背後には、政府にとってそれが有用なものであるという一面をもつためである。このことは、広場舞の合法性が「「おばちゃん」と国家ガバナンスシステム体系との長期的な相互作用のなかで形成されたものである」という潘の指摘と重なる（二七）。だが、潘の議論はややエビデンスに欠くきらいがある。本稿ではこの点をもう少し詳しく見てみよう。

潘は、全国文明都市建設活動において、「健康と娯楽の二つの面を持つ広場舞が重要な大衆動員の方式となったこと」を指摘する（二七）。全国文明都市認定のための数多い評価基準のなかで、広場舞のような全民体育に関する事項自体は、突出した重要性をもっているとはいえない。だが、全国文明都市建設活動関連の各地の記事を見ると、活動を市民へ宣伝し、浸透させることが重視されていることが理解でき、そのためのイベントも実施され、プログラムのなかに広場舞のパフォーマンスもある。広場舞大会を開催し、国民的健康づくり活動の展開をアピールすると共に、来場者に全国文明都市建設活動を説明し資料を配布したという都市もあった(8)。

また、国民的健康づくり活動に関しては、前述のように、広場舞は、北京オリンピックの際に大いに推奨されたのであるが、同時にオリンピック開催都市の健康的なイメージづくりにも貢献した。オリンピック宣伝映像のなかに広場舞の様子が一瞬ではあるが登場し、オリンピック開催時の関連記念行事でも広場舞のイベントが開催された。また、北京オリンピックの開幕式が行なわれた八月八日は、その後「全民健身日」とされ、国民的健康づくりのキャンペーンが行なわれている。その際にも、各地で広場舞のプログラムが用意され、中高年女性を中心とする一般の広場舞愛好家が参加しイベントを盛り上げている。

党・政府が目指すコミュニティづくりにとっても広場舞の女性たちの存在は重要である。コミュニティづくりで近年重視されているのは、住民がボランティアとして地域参加することや、地域の問題を関係する主体が協議により解決することである。広場舞やこれに参加する女性たちが、その推進力となっているのである。たとえば、社区が行なう公益事業やキャンペーン（環境美化活動、精神文明建設活動など）で、広場舞のパフォーマンスが行なわれたり、メンバーがボランティアとして活動に協力したりしている。広場舞の女性たちが地域ボランティアのリソースとしての価値をもつことがうかがわれる。また、政府の働きかけを受けて、地域の広場舞グループが連合して協会組織を立ち上げ、自律的に問題に対処したり、政府と連携をとる動きも報告されている[9]。

党・政府にとって、広場舞のもつこのような有用性は、広場舞自体の特性と広場舞の女性たちのもつ特性の二つの要素に起因するといえるだろう。広場舞の賑やかさや大人数で揃ったときの華やかさや壮観さは、地方政府が主催するイベント、宣伝活動に華を添える。しかもプロの歌舞団ではないので、低コストですむと同時に、多くの「民衆」が参加するイベントとしてもアピールできる。

一方、広場舞の女性たちならではの特性とは、上からの動員に呼応しやすいという点である。第二節で見たように、広場舞の女性たちは、毛沢東時代には「集団」のために踊っていたが、現在は「自分」のために踊るようになった。しかし、彼女たちには集団主義の時代の記憶、メンタリティが残り、党政府からの呼びかけに呼応し踊ることは、過去の経験の延長線上にあるといえる。また、社会的承認を求める気持ちを満たすことにもなる。

こうして、広場舞の女性たちは、近年は政府による管理も受けているが、党・政府に対して協力的な姿勢をとり、それによって広場舞の存続を確保し、よりよい活動環境も得ている。ただし、単に動員されるだけではない。たとえば、広場舞の曲目の国家標準化の試みの失敗のように、自主権の侵害と自らが見做すような介入に対しては、抵抗を示すこともある（方、三六―三七）。こうしたところに広場舞の女性たちの強さを見ることができるのである。

おわりに

本稿では、広場舞という公共空間での余暇のダンス活動に着目して、それに参加する都市の中高年女性が今日おかれているジェンダー状況、そして党・政府（統治権力）との関係性について論じてきた。

中国現代史において、踊るということを介して、その時々の社会、政治とつながりをもった女性たちが存在してきた。本稿が論じた広場舞、忠字舞、集団舞踊、社交ダンスの他に、中華人民共和国成立前にも、主に女性たちが担った革命舞踏が、紅軍の士気を鼓舞し、革命根拠地での生活に彩りを添えていた（大浜、二〇一四）。これらは女性の政治参加、社会参加とも見ることができるだろう。女性と舞踊のこうした歴史において、広場舞はどのような連続性と新しさをもつのであろうか。

中国において、広場という場所は、歴史的に見ると、大衆活動、大衆動員の場としての歴史があり、政治的な意味がある場所でもあった。現在の広場舞は、政治的なイデオロギー性は影をひそめてはいるが、党・政府のキャンペーンや活動に協力あるいは動員されている点では政治性とは無縁ではない。また、そうした活動の意思決定や指揮・指導の部分、すなわち権力の核心部分にいるのは主に男性であり、女性たちは参加はしているが周辺で華を添えるような存在になっている。こうした構図は、これまでと同じものではないだろうか。このようなジェンダー関係の連続性については、今後も引き続き論点となるだろう。

一方で新たな展開も見られる。中国社会が多元化し、さまざまな利益主体が権利主張するようになり、党・政府には、社会の安定維持が極めて重要な課題になっている。広場舞の女性たちは、その人数の多さにより、党・政府にとってはリスクになる可能性もある。それゆえに、彼女たちを自らの側につくいわばサポーターのような存在にし、更には状況を把握できるようにしておくことが肝要である。このため、両者の関係性が一方的ではないことが注目される。前節で見たように、いわば交換関係が形成され、広場舞の女性たちが、抵抗したり、交渉したりすることも起き得るのである。

そして、広場舞の女性たちと党・政府との協調的な関係性については、今後に向けた論点も見出すことができる。この協調的な関係性は、既存研究に見られたような、若いころの毛沢東時代の経験が権力への従順さを内面化させたという解釈のほかに、自らの広場舞の活動空間の確保のための戦略的対応としても考えられる。さらに、権力との距離のとり方は、この世代が経験した過去との向き合い方にも影響されるであろう。広場舞の女性たちのなかには、個人の主体性が抑制され、青春時代が政治に翻弄されてしまったとして、この時代を否定的にとらえる可能性もある。そうなると、統治権力に対して懐疑的になり、距離をとることにはならないだろうか。だが本稿が参照したいくつかの研究においては、若いころの思い出と共に広場で踊るなどとされており、過去への抵抗の薄さがうかがわれる。「〝集団のために踊ること〟はその年代のみに属する活力と光栄であり、彼女たちのみの青春の記憶である」というような肯定的な評価もある（楊・諸、一二七）。

こうした過去の時代との向き合い方や権力との距離のとり方については、この世代の人々がそれぞれに改革開放後に辿った人生との関連も考慮する必要があり、世代論として共通性を論じると共に、その多様性にも目を向けた議論が必要とされる。個人レベルで見ても、過去への相反する複雑な思いが存在することもあるだろう。今回は、文献資料から議論を組み立てているため、広場舞の女性たちの多様性や内面に掘り下げた分析ができていない点に限界がある。

そして、階層分化が顕著になっている今日の中国社会においては、階層の観点から広場舞への参加の有無や活動への関わり方を分析することもあわせて重要になる。以上の諸点は今後の課題としたい。

◉註

（1）この報告では、二〇一三年に青島市政府が行なった広場舞愛好者数の調査数値（全市人口の七％）をもとに、全国規模を推算している。毎日経済新聞「九〇後創客的研究報告：億万広場舞大媽催生一年二〇億元的大蛋糕」二〇一五年一一月一日　http://www.nbd.com.cn/articles/2015-11-01/958027.html（二〇一八年八月三〇日取得）

（2）広場舞参加者の中心的な年齢層については、全国的な統計の存在は確認できなかったが、本稿で参照した複数の調査事例やメディアの報道からこの年齢層であるとした。なお、中国の法定の定年年齢は、男性六〇歳、女性五〇歳（幹部（管理職）クラスは五五歳）である。

（3）http://photos.caixin.com/2014-04-28/100671042.html（二〇一八年八月三〇日取得）

（4）「社区」とは、中国都市の最末端のコミュニティのことで、法律上は自治組織とされる。

（5）このほかにも、湖北省武漢市での広場舞への汚物投下（二〇一三年一〇月）、北京市郊外で猟銃を空に向かって発砲し犬を放った事件（同年八月）などの過激な抗議行動がマスメディア、ＳＮＳをにぎわせた。

（6）王は、その一方で、性差を表出することが抑制された毛沢東時代の影響が残る一部の女性たちは、ダンスで女性らしさを表現することを極力排除しようとしていることも論じている。

（7）「全国文明城市（地級以上）測評体系（二〇一七年版）」http://qj.wenming.cn/file/201806/t20180605_5250585.html（二〇一八年八月三〇日取得）

（8）文明都市建設活動を管轄する中国共産党中央宣伝部中央文明弁公室のウェブサイト「中国文明網」では、こうした地方の取り組み事例の紹介が掲載されている。

（9）ボランティア活動も含めた具体的な事例については、梁二〇一七、応二〇一七を参照されたい。

◉引用文献

曹志剛、蔡思敏「公共性、公共空間與集体消費視野中的社区広場舞」『城市問題』二〇一六年第四期、九六―一〇三。

童佳麗「広場舞與城市中老年女性的日常生活」『老齢科学研究』四（九）、二〇一六年、二七―三五。

方坤「文化治理與身体規訓：広場舞中的身体呈現――文化政治学視角下的広場舞分析」『雲南行政学院学報』二〇一七年第一期、三〇―三七。

米莉「重建女性主体価値：広場舞者的歴史鏡像與意義世界」黄勇軍・米莉等『喧囂的個体與静黙的大衆：広場舞中的当代中国社会生態考察』中国社会科学出版社、二〇一五年、六一―八一。

米莉「認同、帰属與愉悦：代群視野下広場舞――女性的自我調適與主体建構」『婦女研究論叢』二〇一六年第二期、六二―七〇、七九。

第４章　中国都市の「広場舞の女性たち」（南 裕子）

李華・鈴木毅・吉住優子・奥俊信・木多道宏・松原茂樹・李斌「上海市黄埔公園における近年の利用集団の変遷に関する研究」『日本建築学会計画系論文集』七四（六四四）、二〇〇九年、二二三一―二二三九。

李前進・賈広恵「新聞消費主義傾向下伝媒共同体的建構――基於〝広場舞衝突〟的報道解析」『新聞界』二〇一四年第二二期、四七―五〇。

梁来成「基層文体組織的〝協会式〟整合――基于W市H区G街道広場舞団体的観察」『雲南行政学院学報』二〇一七年第一期、三八―四四。

劉金「官方話語與民間話語関于広場舞的博弈：基於人民網與天涯社区的話語分析」黄勇軍・米莉等『喧囂的個体與静黙的大衆』中国社会科学出版社、二〇一五年、一七二―一九二。

大浜慶子「中国における社交ダンスの受容と発展の系譜―ジェンダーからみたアジアのもう一つの近現代史―」『日本ジェンダー研究』（一四）、二〇一一年、一九―三三。

潘妮妮「広場舞の二つの側面――都市空間における権力と公共参加――」『アジ研ワールド・トレンド』No. 二二八、二〇一四年、二四―二八。

王芊霓「汚名與衝突：時代挟縫中的広場舞」『開放時代』二〇一五年第二期、七四―八一。

閻成立・聶敏捷「特殊時期 特殊的歌舞――忠字舞」『楽府新声』二〇一三年第四期、一四七―一五〇。

楊君・諸秋純「表現的慣習：広場舞群体的生活方式変遷與自我呈現」『天府新論』二〇一七年第二期、一二五―一三二。

応琛「広場舞里的政治知慧」『新民周刊』二〇一七年第三八期、五八―六一。

張兆曙「個体化時代的群体性興奮――社会学視野中的広場舞和〝中国大媽〟」『人文雑誌』二〇一六年第三期、一一六―一二二。

Ⅱ　男性の身体——期待されるパフォーマンス

第五章　コミュ力時代の男たち

——障害、男性性、クリップ

河野　真太郎

はじめに　障害者のワークウェア

雑誌『AERA』の二〇一八年二月五日号は、「生きづらさを仕事に変えた――社会起業家54人」を「大特集」にしている。その最初の頁を開くと飛び込んでくるのは、巨大なフォントで記された「儲かるしポップだし」という見出しである【図1】。

社会起業家　働き方とビジネス
儲かるしポップだし
働き方もいじめも貧困も変えていく社会起業家54人
リモートワークを進化させて働きやすく、障害がある人も学び続ける世の中に。子どもたちには自己肯定感を高めてほしい。ビジネスの力でそんな社会を実現しようと奮闘する社会起業家が、続々登場している。ここに、特に注目すべき54人をピックアップ。まずは「働き方とビジネス」の分野から。

【図1】『AERA』2018年2月5日号より

記事はこのように始まる。「いま、ダイバーシティーの分野で急成長を続ける企業がある。障害者の就労支援や発達障害のある子どもの学習支援などを手掛けるリタリコだ。」たしかにその記事の写真を見ると、そのリタリコのオフィスは、障害者の就労支援という「地味」な事業には似つかわしくない「ポップ」なものだ。リタリコは、二〇〇五年に仙台で創業、東京に本社を移して二〇一六年には東証マザーズに上場。社員約一六〇〇人を率いる社長長谷川敦弥氏（当時弱冠三二才）は「世界経済フォーラム二〇一七」でヤング・グローバル・リーダーズに選出されたそうだ。

障害者就労支援の企業が「儲かるしポップだし」と記述される現在とは、いかなる時代なのか？　この疑問が、本章の出発点である。簡潔にその疑問の答えを述べてしまうなら、現代は「障害者のワークフェア」の時代である、ということだ。

右記の記事のメッセージはつぎのようなものだろう。障害者就労支援といえば、かつては公的な福祉に属する事業であり、それは儲からず地味なものであった。ところが、就労支援の自由化のもとで、リタリコのような企業は、福祉に頼るのではなく市場原理において儲かる形で、しかもイメージとしてもポップな形で障害者就労支援をしている。後者の方がすばらしい。

つまり、障害者支援を福祉によるのではなく、資本主義的な市場原理のもとで行なうことが推奨されている。これは新自由主義と緊縮財政の現在の「気分」にみごとに合致しているだろう[1]。新自由主義においては、失業者であることや主婦であること、つまり賃金労働にたずさわらず物質的生産にもたずさわらないことは、ナンシー・フレイザーとリンダ・ゴードンが「依存」という言葉の系譜学で述べたように、「良い依存」であった。それは新自由主義時代には「悪い依存」となる。依存をめぐる許容のボーダーラインが引き直されるのだ。障害者についても同じことが起きる。いかにも善意によって人道的な活動を行なっているように見える障害者就労支援事業は、その実、「働ける者と働けない者」の間に新たな線引きを行なっているだろう。そこでは新たな健常者主義 ableism が作動し、福祉カットを軸とする緊縮財政の装置となっているだろう。

本章では、そのような「障害者のワークフェア」と呼べる体制下で、男性性がこうむる変化について考察したい。その際に重要なキーワードとなるのは「コミュニケーション能力」である。章の後半では、男性性（のトラブル）、障害、そしてコミュニケーション能力という三つの要素をみごとに

福祉国家／フォーディズム	新自由主義／ポストフォーディズム
・大量生産・大量消費（・大量在庫）	・オンデマンド生産・リーン生産体制
・生産ラインにおける黙々とした単純労働	・コミュニケーションを重視・非物質的労働
・終身雇用・福祉・労働組合	・雇用の流動化
・男性労働者による物質的生産労働	・女性労働者による感情労働
・家族給・主婦	・共働き
・国家（社会）によるリスクヘッジ	・リスクヘッジの個人化
・中央集権的組織	・ネットワーク的組織
・硬直性	・柔軟性・可塑性
・労働と余暇の区分	・労働と余暇（雇用と失業）の区分の崩壊
・教育の完成	・絶えざる自己イノヴェーション

【図2】ポストフォーディズムとは何か

劇化してみせた映画『恋愛小説家』を分析するが、まずは、新自由主義もしくはポストフォーディズム時代の男性性と、コミュニケーション能力との関係について概論しておこう。

一　福祉国家の終焉と男性性のゆくえ

福祉国家時代とは、その一方では性差別的なジェンダー体制でもあった。【図2】をごらんいただきたい。福祉国家／フォーディズムにおいては、男性労働者がフルタイムの終身雇用で働き、女性は専業主婦となるというジェンダー分業が標準化された。それに対して、新自由主義／ポストフォーディズムにおいては、雇用は流動化し、フルタイム・終身雇用の体制が崩れ、非正規雇用が労働の重要な部分を占めるようになる。同時に起こるのが、「共働き」の標準化である。（もしくは婚姻率の低下である——日本の場合は共働きの体制が整わないために、これが婚姻率の低下や少子化に結果してしまっているのだ。）

これを女性の社会進出という肯定的な視点でとらえるのかどうか。それが、拙著『戦う姫、働く少女』が問いかけた大きな疑問であった。その答えは拙著を参照していただきたいが、そのような雇用の体制が支配的になった（もしくは少なくとも現在の資本主義にとって重要性を増した）というのが正しいなら、それが男性性にとって意味するのは何か？

まず言えることは、かなり単純化して言えば、「大黒柱 breadwinner」的な男性性が揺らいできたということだろう。フォーディズム時代の正規雇用・フルタイム・終身雇用という雇用体制に必要とされつつそれが育んだ男性性、それは家庭を中心として見た場合には「大黒柱」という言葉で表現できる。

家庭の外では、男性たちは「会社すなわち社会」であるような世界で生きていた。それは、男たちだけの、専門用語ではホモソーシャルな世界である。男たちは、会社というコミュニティに所属し、そこで認められ、出世することをその主体性のよりどころとした。

突然であるが、今使った言葉コミュニティとコミュニケーションは同根の言葉である。つまり、男性が会社というコミュニティに属した、というのは、会社というコミュニケーション空間に参画したとも言えるのだ。

なぜこのような言い換えをしているかというと、本章では、フォーディズムからポストフォーディズムへの移行を、コミュニケーションの変化という観点から捉えようとしているからである。この、コミュニケーションとポストフォーディズムとの関係については、次節でより深く掘り下げるとして、とりあえず今言えるのは、現代の男性たちが、かつてのコミュニケーション空間、つまり同質的な会社のコミュニケーション空間から放り出されつつあるのかもしれないということである。

逆説的なことであるが、このコミュニケーション空間は、非コミュニケーションの空間であったとも言える。なぜなら、コミュニケーションとは定義上他者との連絡でありつながりなのだが、会社というコミュニケーション空間は、他者を排除した空間であった（ある？）からだ。その他者の最たるものが女性だ。

先ほどホモソーシャルという言葉を使ったが、男性同士のホモソーシャルな関係とは、女性の排除、もしくは女性を男のコミュニティのなかで交換される商品のようなものにしてしまうことに基づいている。そして、本章の残りの議論に深く関わるが、その関係は、男同士の結びつきではあるが決して同性愛的な関係であってはならない。ミソジニー（女性嫌悪）とホモフォビア（同性愛嫌悪）がホモソーシャルな関係の軸なのである（詳しくはセジウィックを参照）。

そのようなホモソーシャル空間は、男たちのためのコミュニケーション空間であり、その空間は、男たち以外の他者とのコミュニケーションに開かれていないという意味では非コミュニケーション空間だった。

【図3】

このような非コミュニケーションをよく表現したのが、一九七〇年のサッポロビールのCMとそのキャッチコピー「男は黙ってサッポロビール」であろう（田中俊之『男がつらいよ』一一頁）【図3】。この有名なCMでは、三船敏郎が一言も発することなく、ビールを注いで一気に飲み干す。口数少なくテレビでナイターを観ながらビールを飲む昭和のオヤジの姿。コミュニケーションをしないことが彼らの美徳であった。だがそんな彼らも会社の飲み会ではサッポロビールを飲みながら大いに喋り、笑っていたであろう。それは、他者との非コミュニケーションによって保証されたコミュニケーション空間だった。

ところが、男たちはその心地よい（非）コミュニケーション空間から放逐されることになる。

三　ポストフォーディズムと労働としてのコミュニケーション

というのは、ポストフォーディズムの時代は、新たなコミュニケーションの時代でもあったからだ。それは単に生活の上でコミュニケーションが重要になっているという話ではない。それにとどまらず、仕事や労働の上でコミュニケーションが中心的な重要性を帯びてきているのだ。（そして、その意味では、「生活」と「労働」の区分そのものが崩壊しつつあるのだ。）

たとえば、イタリアの経済学者クリスティアン・マラッツィや同じくイタリアの哲学者パオロ・ヴィルノは、ポストフォーディズム体制において、コミュニケーションそのものが仕事の重要な道具となっていることを指摘している。ここでは、ヴィルノの言葉を引用してみよう。

労働する者は饒舌であり、そうでなければならない。ハーバーマスによって設定された「道具的行為」と「コミュニケーション的行為」との（あるいは労働と相互行為との）有名な対立は、ポストフォーディズム的生産様式によって根底から覆されることになります。「コミュニケーション的行為」は、もはや、倫理的―文化的関係や政治のなかだけに自分の領域を限定できません。反対に、対話的発話《パロール》が資本主義的生産そのものの中心に陣取っているのです。労働は相互行為そのものなのです。（ヴィルノ『マルチチュードの文法』七頁）

労働（資本主義的生産）の中心に対話的発話《パロール》、つまりコミュニケーションがあるというヴィルノの主張は、かなりの実感をもって理解できるのではないだろうか。現在就職活動において「コミュ力」があるか否かということはその成否を決する重要事である。なぜそうなったのか、ということを説明するのはかなり難しいものの、コミュニケーションが労働にとって重要となったのは、単に製造業よりもサービス業が、第二次産業よりも第三次産業の方が重要になったということ以上を意味していると示唆しておきたい。クリスティアン・マラッツィは次のように述べている。

ポスト・フォーディズム期の社会において、製造業とサービス業を区別しがたいのは、まさしく直接的な生産過程の内部における賃金と所得の共存状態による。より正確を期すならば、製造業は第三次産業化され、第三次産業は産業生産技術が普及したために、製造業化されるのである。（マラッツィ『現代経済の大転換』四八頁）

ここでマラッツィは、ポストフォーディズムとは単なる第三次産業への産業の偏りの問題ではないと言っている。そうではなくむしろ、それは第二次産業へのコミュニケーション的なものの浸潤の問題なのである。実際、マラッツィは同じ本のなかで、生産と労働においてコミュニケーションが重要になった背景には、リーン生産方式もしくはジャスト・イン・タイム生産方式の存在があることを指摘している。その生産方式は、市場の需要に即時に、かつ柔軟に対応するための生産方式だ。（それは、同じモデルの製品を大量に生産し、大量の在庫を抱えてそれを売る、かつてのフォーディズム的な生産と区別される。）そのような柔軟な対応のためには生産の現場でのコミュニケーションが重要になる。リーン生産方式はトヨタ生産方式、またはトヨティズムと呼ばれることもあるが、そのトヨタ生産方式の代名詞がカンバン方式である。「カンバン」とは、生産の現場でのコミュニケーションを円滑化するための作業指示書のことである。（ただし、強調しておかなければならないが、柔軟な生産のためのコミュニケーションというのは物事の一面しかとらえていない。もう一面において、柔軟な生産が意味するのは雇用の流動性の高まりである。コミュニケーションの側面のみを強調することは、その側面を隠蔽することにつながるだろう。）

さて、当面は、マラッツィやヴィルノに従って、現代の生産と労働においてコミュニケーションが中心的な重要性を持っているという仮説を受け入れて議論を進めていこう。かつて、「男は黙ってサッポロビール」と言っていた昭和のオヤジは危機に陥ることになる。これは、単に男性たちがスキルとしてのコミュニケーション能力を身につけることを強いられる、というだけの話ではない。男性とは何かということ、つまり男性性そのものが、コミュニケーション能力という項目を中心に再編成されるのだ。

四　男性学の誕生と覇権的男性性

じつのところ、ここで述べている男性性のコミュニケーションを中心とした組み直しというのは、男性学や男性性研究(2)において参照されるR・W・コンネルの「覇権的男性性」「従属的男性性」という概念に照らし合わせてみればよく分かる。コンネルは男性性を考えるにあたって、それを一枚岩の男性性としてとらえるのではなく、男性性の内部にさまざまな分断と階層化が生じていることを重視し、それを今述べた「覇権的／従属的男性性」という概念で記述しようとした。

ここではあまりその細かな議論に立ち入ることはしない。ここで示唆したいのは、新自由主義とポストフォーディズムに対応する形で覇権的男性性が大きな変更を迫られてきているということだ。たとえばコミュ力が覇権的男性性の要素となり、それによってコミュ力に欠ける男性が従属的になってしまう、というように。

脱線を厭わずに示唆しておきたいのは、フェミニズムの問題意識に応答した男性学／男性性研究の誕生そのものが、現実における男性性とその条件の変化に応答したものではないかということだ。前記のコンネルの著作の原著が出版されたのは一九九五年であるが、男性学というものが明確な形をなしたのは、一九八〇年代から九〇年代だったと言っていいだろう。（メンズリブ運動はもっと早く、一九六〇年代から存在したが。）

男性学は、一九七〇年代から八〇年代の第二波フェミニズムによる、家父長制批判と男性性批判に応じる形で生じた。そしてその第二波フェミニズムによる批判とは、普遍的な家父長制・男性性批判というよりは、先行する福祉国家（福祉資本主義）を支えた家父長制であり男性性だったと言えるだろう。つまり、日本で言えば「男は黙ってサッポロビール」的な男性性は、高度成長期から一億総中流的な社会における男性性であり、それをフェミニズムと、それに応答する男性学はまず批判したと言える。

その男性学の黎明期である一九八九年に、社会学者の中河伸俊はすでに次のように述べている。

「ターザンより、やさしくて知的な男のほうが好き」という女性のことばは、往々にして「ベン・ケーシー」、つまりサーヴィス化・消費社会化とフェミニズムの攻勢を受けとめて手直しされたアッパー・ミドルクラス（専門職、管理職）の男性像への好意の表明であるだろう。実はそうした男性像こそが、現在の「危機」をのりきって新たにヘゲモニーをもちつつある男性性のモデルである……。（中河伸俊「男の鎧――男性性の社会学」二一一頁）

「ベン・ケーシー」とは、一九六〇年代前半のアメリカの、同名のテレビドラマの主人公の名前である。彼は、テレビドラマの男性といえば西部劇に登場する暴力的な男性、という時代に、イケメンの若い医者というキャラクターを打ち出したものである。一九八〇年代の終わりの時点で、中河は、マッチョで暴力的な男性性はもう流行らず、ベン・ケーシーのような「やさしく知的な」男性が覇権的になったという診断をしている。重要なのは、それがフェミニズムだけではなく、「サーヴィス化・消費社会化」の攻勢を受けたものであったという指摘である。「サーヴィス化・消費社会化」がゆるやかに意味するのは、ここまで私がポストフォーディズムと呼んできたものであると推測される。

以上、現代が障害者のワークフェアと呼べる時代であり、その体制のもとで障害者と健常者とのあいだに新たな線引きが生じていること、そして現代において要請される新たな男性性は、フェミニズムと、コミュニケーションをキーワードとするポストフォーディズムの状況に応答したものであること、これらを一種の仮説として提示した。この二つはどのような関係にあるのか。残る本章では、これらの要素の関係をみごとに表象してみせた映画として、一九九七年、ジェイムズ・L・ブルックス監督の『恋愛小説家』を検討したい。この映画の検討によって浮き彫りになるのは、ここに示唆した男性性の再編成が、「障害」と深い関わりを持ってくることだ。コミュニケーション能力は、新たな労働者としての能力であるのとまったく同時に、新たな健常者としての能力ともなる。そして、昭和の――というのは、ほぼ福祉国家的な、という意味であるが――男性性はそのようなあらたな健常者主義のなかでは「新たな障害者」となって立ち現れるだろう。そして新たな男性的身体性というものがあるとすれば、それはそのような一種の非身体性を本質とするものである。

五　『恋愛小説家』とコミュ力の時代

『恋愛小説家』【図4】のあらすじは以下の通り。

ジャック・ニコルソン演じる主人公のメルヴィンはニューヨークに住む小説家。非常に偏屈な性格をしており、隣人の犬をダストシュートに捨てたり、ゲイの隣人や有色人種に対する差別的な言動

【図４】『恋愛小説家』DVDパッケージ

を繰り返したりする人物。まともな対人コミュニケーションのできない嫌われ者である。一方で彼は、玄関の鍵を五回回して閉めないと安心できず、通りでは敷石の割れ目・継ぎ目を踏むことができない、一度使った石鹸は捨ててしまうなど、強迫性障害を患っている。そんなメルヴィンが唯一心を開いているのは、行きつけのレストランのウェイトレス、キャロルである。

ある日、メルヴィンの隣人のゲイの画家サイモンが、強盗に襲われて大怪我を負う。メルヴィンはサイモンのエージェントに脅され、サイモンの犬の世話をすることになる（最初は嫌がっていたが、結局犬好きになる）。

一方でキャロルは、喘息持ちの息子のために仕事を変えようとする。メルヴィンは出版社を通じて高価だが有能な医者をキャロルのもとに派遣し、キャロルの息子を助ける。（ただし、キャロルの息子を助けたいというより、レストランからキャロルがいなくなっては困るという動機からの行動であるが。）

サイモンは怪我の治療費と、怪我で創造力を失ってしまったために経済的に困窮する。彼のエージェントは、彼を勘当したボルティモアの両親に会いに行って助けを請うように助言し、メルヴィンとキャロルが一緒に行くことになる。

両親に居留守を使われて傷つくサイモン。一方でメルヴィンとキャロルは二人で食事に行き、良い雰囲気になる。ところがそこでメルヴィンがコミュ力の低さ（この場合は相手の感情や欲望を読み取る能力の低さ）を発揮し、ろくでもないことを口にしてしまい、キャロルは立腹して中座する。その後、サイモンはキャロルのセミヌードに霊感を得て、絵を描く意欲を回復する。

経済的に困窮したサイモンはメルヴィンのアパートメントに同居することになる。サイモンはメルヴィンを説得し、キャロルへの愛を告白する。彼を受け容れるキャロル。メルヴィンはもはや、道路の継ぎ目を踏んでも気にしなくなっていた。

この映画については、「クリップ・セオリー（crip theory）」を提唱するロバート・マクルーアがまとまった形で論じている。以下、その議論を前提に論じていく。

まずなんと言っても重要なのは、メルヴィンというキャラクターにおいて、障害とコミュニケーション能力の低さと困難に陥った男性性という三つの要素が、区別できない形で一体化されていることだろう。ここで言っているのは、彼のコミュ力欠如が、医学的・器質的な障害で説明されている（障害に還元されている）ということではない。彼のコミュ力不足は病気のせいだ、というわけではないのだ。少々難しいロジックになってしまうが、「コミュ力欠如という人格・人間性の特性が、障害の表象によって／それとともに表現されている」ことが重要なのである。コミュ力欠如は単なる人格的欠点として表象することも可能だったはずだし、逆に純粋な病気・障害として表象することも可能だったかもしれない。しかし、それらはどちらか一方には還元できない形で表象される。一言で言えば、コミュ力欠如と障害は、どちらが原因でどちらが結果だとは言えないのである。

具体的には、メルヴィンのコミュ力欠如は二つの特徴もしくは原因をもっている。ひとつは、彼が圧倒的に「他者の気持ち」を推し量れないことにある。物語の終盤で、彼がキャロルと決定的な破局に至りそうになってしまうのは、そのためであった。もうひとつは、メルヴィンがみずからの感情を管理できないことである。簡単に言えば、彼は癇癪持ちである。すぐにキレる。

この二つの特質は、直接的に彼の「障害」に結びつけられるべきだろうか。否である。むしろ、より一般的に考えて、他者の気持ちを推し量れず、すぐにキレる人といえば、ある種のなじみのある人物像ではなかろうか。そう、昭和的オヤジの典型である。[3]

メルヴィンをいきなり日本の「昭和オヤジ」に結びつけるのに問題があるとしても、少なくとも、彼のコミュ力不足というのは、かつては覇権的な男性性の特質であったものが、いつの間にか「欠如」として姿を現してしまったものだと考えられないだろうか。二つの特質についてそれぞれ考えてみよう。

まず、他者の気持ちが推し量れないことについて。これについて、デヴィッド・グレーバー（『官僚制のユートピア』）が論じている「解釈労働」という概念は有用かもしれない。グレーバーはこれをあくまで、官僚制の働きを記述するための一般的な原理として述べている。だが、もっともそれが顕著になるのはジェンダーの領域においてである。

いかなる場所でも女性たちは、あれこれの状況が男性の視点からはどのようにみえているか、休みなく想像するよう期待されている。それとおなじような期待は、男性にはほとんど起きない。この行動パターンが深く内面化されているがゆえに、女性たちがそのようにふるまわない様子がちらりとみえただけでも、多くの男性は、あたかもそれ自体が暴力行為であるかのように反応してしまうのである。（グレーバー『官僚制のユートピア』九九頁）

メルヴィンとキャロルとの関係そのものである。メルヴィンがキャロルのいるレストランに通い詰めるのは、癇癪持ちで感情管理のできない彼の不安定な感情の動きを、キャロルがもっともうまく解釈し、対応してくれるからである。彼女がいなければ、メルヴィンはとっくにレストランから「出入り禁止」をくらっていただろう。キャロルは後述する「感情労働」としてのウェイトレスの仕事をみごとに行なう。メルヴィンは、キャロルの解釈労働に依存して、みずからは他者の感情を解釈する必要なしで暮らすことができている。もちろん、繰り返すが、メルヴィンが他者の感情を解釈できないことを、発達障害といった「診断」で説明することも可能ではある。しかし、重要なのは、「人間性／男性性」「障害」「コミュ力不足」がどれが主でどれが従という判断ができないような形で一緒くたになっていることだ。

もう一つの、メルヴィンが自らの感情をコントロールできないことについて。これについても、解釈労働とほぼ同じことが起きている。メルヴィンは感情管理ができない。レストランで気に染まないことがあれば、感情を爆発させてしまい、追い出されそうになる。それを救うのがキャロルによる「感情労働」だ。彼女のウェイトレスとしての労働は、彼女自身が自分の感情を管理して接客をするという意味、そしてメルヴィンという「キレる客」の感情に対応するという意味の、二つの意味での感情労働である。

感情労働がポストフォーディズム時代において重要性を増していることについては拙著『戦う姫、働く少女』でも論じた。先行する研究としては、まずはA・R・ホックシールド『管理される心』を嚆矢として、ハートとネグリの『〈帝国〉』における情動労働をめぐる議論、日本では渋谷望『魂の労働』がまずは参照されるべきであろう。

ここでもまた、「労働が感情労働化している」ということには二重の意味がある。ひとつには、それまで、主に主婦によって無償労働として行なわれてきたケア労働・介護労働が、共働き体制としてのポストフォーディズムにおいて有償労働化せざるをえないということ。つまり、感情労働が「労働（賃金労働）」としてせり出してきている状況である。もう一つの意味は、「通常の労働」が感情労働の特色を帯びるようになってくるという意味だ。感情管理ができることが一般の労働者にとって重要な「能力」となったような状況である。

六　メルヴィンの障害とその治癒

キャロルのメルヴィンに対する労働を説明するには、それを「介護労働」と呼んでしまえばかなりその性質が分かりやすくなるだろう。介護労働は、これまでの二種類の労働、つまりコミュニケーション能力の低い相手の意図を解釈する解釈労働と、感情管理能力に欠けた相手の感情を受けとめる感情労働の両方を含み込んでいるのだから。

そしてその「相手」、つまりコミュ力と感情管理能力を持たないメルヴィンは、一体どのような人物なのだろうか。ここで、「欠如」として表象されている性質は、実はかつてであれば覇権的男性性の特質だったと考えられるものだ。つまり、日本であれば「黙ってサッポロビール」的な、会社における男たちのコミュニケーション空間で自足していた――したがって、言葉の本来の意味においては非コミュニケーション的な――男性性である。フォーディズムそして福祉国家下における男性性だ。そういった男性たちは、コミュニケーションや感情管理という点で、主婦としてケア労働・感情労働を無償で行なう女性たちに依存していた。メルヴィンは、みずからの願望を説明したり、感情をコントロールしたりする必要はない。それはキャロルがやってくれるのであり、キャロルにそれを代わってやってもらわなければならないという事実は、メルヴィンにとっての欠如などではなかった。キャロルへの「依存」は正当な依存、というより依存としては表象されずに隠蔽される依存である。

ところが、かつてのフォーディズム的な社会のなかで許容されていたコミュ力・感情管理能力不足は、ポストフォーディズム下では「欠如」として姿を現すことになった。

メルヴィンのコミュ力不足や感情管理能力不足が「障害」と区別のつかないものとして表象されるというのは、そのようないきさつによる。ポストフォーディズム社会において、女性に密かに依存することで「覇権的」になっていた男性性は、まさにその依存の事実を白日のもとにさらされ、コミュ力と感情管理能力が欠如していることが明白になった瞬間に、「従属的」なものになってしまった。

それでは、メルヴィンはそのような危機をどうやって乗り越えるのだろうか。

答えは次のようなものだ。すなわち、「障害を治癒し、同時に異性愛的な自己を発見することによって」である。

これはかなり単純で分かりやすい答えに聞こえるかもしれない。しかし、より具体的にこれがどうやって実現されているのかは、非常に難しい問題である。というのも、障害を治癒するといっても、先に確認したように、この映画ではコミュ力不足と感情管理能力不足が障害と表裏一体のものとして表象されるのだから、障害が治癒されてコミュ力などの欠如が解消されるというのは循環論法でしかない。また同時に、異性愛的な自己を発見することによって従属的になってしまった男性性の問題を解決する、というのも、これまた循環論法に聞こえる。十全たる異性愛的自己を発見できないこと（そしてコミュ力によって異性と結びつくのが無理であること）こそが、従属的男性性の抱える「問題」の一部ではないのか？

重要なのは、この映画はまさにそのような循環論法を魔法のように切り抜けてみせるということだ。いかなる魔法か？　これについては、先に触れたマクルーアが論じている。その魔法は、非異性愛的なセクシュアリティ（クィア性）と障害を他者へと投射することで、異性愛的・健常者的主体を確保するという手続きである（*Crip Theory* 24）。

マクルーアは、メルヴィンが最終的に障害を治癒し（鍵をかけるのさえ忘れ、舗道の割れ目を踏んでも気にならなくなる）、彼自身がキャロルに語る「よりよい男（a better man）」になる際に、障害や非異性愛性がメルヴィン以外の他者のものとされて処理されることを指摘する。具体的にその他者とは、隣人のゲイの画家サイモンと、キャロルの息子スペンス（スペンサー）だ。サイモンはまずは非異性愛者であり、くわえて暴漢に襲われた後は顔面に傷が残り、車椅子と松葉杖の生活となる一種の障害者である。スペンスは喘息という障害をかかえている。

この二人は物語の構造上、メルヴィンとキャロルを結びつけるための媒介の役割を果たしている。そして、その役割を果たしたら、いつの間にか退場している。

スペンスについて、これはかなり単純である。彼は、一方ではキャロルの恋愛の障害となりつつ（家に男性を連れ込んでセックスしようとするが、彼の喘息の発作で未遂におわってしまう）、メルヴィンとの関係においては、キャロルの転職を止めるためとはいえメルヴィンが医者を雇うという「善行」をし、メルヴィンとキャロルを、彼がいなければありえなかったであろうような距離に近づける。その役割を終えた瞬間に、彼は画面上から姿を消す。

サイモンの場合にはより複雑である。まず、同性愛者であるサイモン自身が、マクルーアの言葉を使えば「異性愛規範的エピファニー」(12) を経験する（エピファニーとは「顕現」と訳され、何らかの本質的な認識が突然に訪れることである）。それは、キャロルのヌードを描くことによって、絵を描く力が蘇る場面だ。このエピソードには、かつて母のヌードを描いているところを見つかって父にしこたま殴打されたというトラウマ物語が伏線として用意されている。かといって、その経験によってサイモンがゲイになったなどという物語は慎重に回避されており、サイモン自身の主張の通り、母の（そしてキャロルの）ヌードを描くことは、異性愛ではない純然たる美学の問題だと、表向きは説明される。

だが問題はそのようなサイモンとメルヴィンとの関係である。決定的なシーンは、物語のちょうど半ばで、メルヴィンが突然に中華スープを持ってサイモンを訪問する場面だ。この場面でメルヴィンは初めて、サイモンにその内面の苦しみを告白する。

メルヴィン：ヤケに疲れてね。なぜか眠れない。頭がハッキリせず自分が他人のようだ。ヘンだ（I'm in trouble）。原因は疲れじゃない。
サイモン：気分が悪く、ムカつく。
メルヴィン：頭がボンヤリ。
サイモン：すべてがゆがんで見え、体中が痛むのに、痛いというだけの元気がない。
メルヴィン：その通り。話してよかった。ありがとう。
（メルヴィンは突然に立ち上がって立ち去り、サイモンは面食らった表情。）

ここで、メルヴィンはキャロルとの関係に戸惑っている。それは単に恋愛の悩み、ということではなく、規範的な男性性（この場合はコミュ力を持った男性性）から逸脱してしまっているがゆえの苦悩（trouble）を、理解できないままにメルヴィンは抱えており、それをサイモンに告白する。サイモンはある意味でそれを正しく受け取ったと言えるだろう。この時点でサイモンは暴漢に襲われて杖をついているのだが、ここで言っている「痛み」は怪我の痛みだけではなく、彼のゲイとしての身体性、非規範的な身体性に由来する痛みのことを言っていると考えられる。暴行の結果であるサイモンの顔の傷は、彼のクィアネスの身体化だと、まずは言えるだろう。
ここでは一瞬、そのような非規範性、つまりはっきり言えばクィア性もしくはマクルーアの用語ではクリップ性を通して、二人の間に共感とコミュニケーションが成り立っているように見える。（crip

は queer と同様に差別用語（cripple(d) に由来する crip）を奪用した言葉で、障害もしくは非健常性を指す。マクルーアの議論ではクリップとは障害だけではなく、非規範的なセクシュアリティも含み込んだ、「つねに非規範的なもの」だと考えるべきだろう。つまり、健常身体性と非健常身体性との間の境界線を、セクシュアリティの境界線と同時につねに壊乱するような何かである。）だが、メルヴィンが突然に納得して会話を切り上げ、サイモンが戸惑いを示すことによって、ここには真のコミュニケーションが成立していなかったことが示される。

　ここで起こっていることは、メルヴィンが、自らのうちに抱えるクリップ性をサイモンに投射するということである。ここでメルヴィンはコミュニケーションが十全に成立したと思っているのだが、サイモンが理解した「苦しみ」をメルヴィンは理解しないままに立ち去る。メルヴィンとサイモンが共有するかもしれないクリップ性を、メルヴィンは理解しないままに、物語はメルヴィンが規範的男性性と健常性を獲得する結末へと向かっていくのだ。クリップ性はサイモンに投射され、他者化される。映画の結末を、マクルーアは次のように要約する。

> かくして、映画を締めくくる異性愛規範的エピファニーは、このコマ〔最後の、舗道の割れ目を踏めるようになる場面のこと〕の中においてもう一度視覚的に、メルヴィン自身の健常身体的エピファニーへと結びつけられるのである。(28)

私の解釈では、サイモンの顔の割れ目のような傷は、メルヴィンの恐れる舗道の割れ目である。

メルヴィンが恐れるのは彼の内なるクィアネスである。それを彼は舗道へと、そしてサイモンへと投射して解消するのだ。

おわりに　「新たな男性性」のかなたへ

しかし、ここまで述べてきたことからすると、マクルーアの読解には修正が必要となる。マクルーアの読解は規範性／非規範性、異性愛／同性愛、健常身体／障害といった諸対立のなかで、メルヴィンが後者の諸性質を他者に投射した上で前者の性質を手に入れたというものである。

だがこの読解は、二つの点で問題ぶくみである。第一にこの読解は、こういった二項対立を脱構築するはずのクィアやクリップという概念に十分到達するものではない。前節で括弧内で説明したように、クリップとは否定的なものであるはずだが、この読解ではそれは肯定的《ポジティヴ》＝実定的な何かになってしまっている。そしてもうひとつの問題は、この読解が、本章で論じた障害者のワークフェア体制、そしてポストフォーディズム的な男性性を十分に考慮に入れていないということである。つまり、現在規範的な、もしくは規範的になりつつあるのは、障害や非異性愛を他者へと投射するわけではなく、すでに内面へと畳みこんだ主体かもしれない。

そうであるなら、この物語は、次のように解釈されるべきだろう。それは、単に非規範的なものが他者へと投射されて、旧来的な男性的主体が確認されるだけの物語ではない。それは、ポストフォーディズムに応答する形でコミュニケーション能力を高めつつ、同性愛や障害を単に他者化するのではなく主体のうちに畳みこんだような、新たな男性性を追求する物語である。ただし、それがよりリベラルですばらしい男性性だという意味ではない。そのような「修正」こそ、「男性性」そのものを延命させ、強化させる方法であるかもしれない——これこそが、男性性を考えるにあたっての現在の臨界点なのだ。

もちろんそのような男性性の問題は、男性学的意識そのものへと自己言及的に跳ね返ってくるし、より一般的な水準では、（特に中流階級の）家事をよくする「イクメン」たちが、そのような行為によってみずからの（新たな）男性性を確保するといった現象にも跳ね返ってくるだろう。

だとすればそこからの出口はどこにあるのか。この疑問は、本章の手に余るものである。ただ最後に示唆しておきたいのは、先ほど括弧内でほのめかしたように、このような男性性の問題は階級問題もはらんでいること、そしてそのことを意識したときに、ここまで述べたような男性性と同時に、現在においては「ポピュラー・ミソジニー」（サラ・バネット＝ワイザー）と名づけうるような、隠れもしないミソジニーも同時に存在し、ここまで述べたような男性性が支配的に見えるのは、あくまで階級限定的であり、かつコンネルが使う「ヘゲモニー」という言葉の真の意味でヘゲモニックである（したがってそれは非常に流動的なプロセスのうちにある）ことだ。

わたしたちは「男性性」の外側へ、そのかなたへと解放されることはあるのだろうか。これは男性学の基本的な問題意識であり、衝動である。本章で見てきた通り、この衝動は結局は新たな男性性へと容易に包摂されてしまう。しかし、そのことが、そのような「かなた」を目指すことを禁じることはないだろうし、それはあってはならないだろう。そして、「かなた」を目指すためには、現在の混沌とした足元を見据えなければならない。本章はその試みであった。

◉註

（1）新自由主義と障害者のワークフェアとの関係については有薗がハンセン病患者の「脱施設化」という観点から論じている。そこにおいても浮き彫りになるのは、ハンセン病患者（ハンセン病療養所の入所者）のあいだでの「動ける者」と「動けない者」の差異であり、その線の引き直しである。また、社会福祉の（「不当な」）受給者としての障害者の緊縮派による利用についてはRyanを参照。

（2）男性学と男性性研究の差異と同一性については川口を参照。男性学は川口自身の一世代前のものであり、男性規範に抑圧された男性性の解放（メンズリブ）に力点をおくものであった。もちろん、このような男性の非抑圧性を強調する議論は、男性の特権性を括弧に入れてしまう傾向にあり、批判されねばならない。男性性研究は男性の非抑圧性と抑圧性の両方を同時に問題としうるものであるべきだと川口は要約する。

（3）これについて、筆者は別の形で『恋愛小説家』をより簡潔に論じ、それと日本映画『男はつらいよ』を比較した。河野「機嫌の悪い女たち、機嫌の悪い男たち」を参照。

◉引用・参考文献

Banet-Weiser, Sarah. *Empowered: Popular Feminism and Popular Misogyny*. Duke UP, 2018. Kindle.
Connell, R. W. *Masculinities*, 2nd ed. U of California P, 2005.
Fraser, Nancy and Linda Gordon. “A Genealogy of ‘Dependency’: Tracing a Keyword of the US Welfare State.” *Fortunes of Feminism: From State-Managed Capitalism to Neoliberal Crisis*. Verso, 2013. pp.83-110.

McRuer, Robert. *Crip Theory: Cultural Signs of Queerness and Disability*. New York UP, 2006.

Ryan, Francis. *Crippled: Austerity and the Demonization of Disabled People*. Verso, 2019.

有薗真代『ハンセン病療養所を生きる——隔離壁を砦に』世界思想社、二〇一七年。

ヴィルノ、パオロ『マルチチュードの文法——現代的な生活形式を分析するために』廣瀬純訳、月曜社、二〇〇四年。

川口遼「「(異性愛かつシスジェンダーの)男性がフェミニストであること」再々……考」『現代思想』第四八巻第四号、二〇二〇年、二三九—四五頁。

河野真太郎「機嫌の悪い女たち、機嫌の悪い男たち——ポストフェミニズムにおける感情の取り締まり《ポリシング》」『現代思想』第四八巻第四号、二〇二〇年、二二九—三八頁。

——.『戦う姫、働く少女』堀之内出版、二〇一七年。

グレーバー、デヴィッド『官僚制のユートピア——テクノロジー、構造的愚かさ、リベラリズムの鉄則』酒井隆史訳、以文社、二〇一七年。

渋谷望『魂の労働——ネオリベラリズムの権力論』青土社、二〇〇三年。

セジウィック、イヴ・K『男同士の絆——イギリス文学とホモソーシャルな欲望』上原早苗・亀澤美由紀訳、名古屋大学出版会、二〇〇一年。

田中俊之『男がつらいよ——絶望の時代の希望の男性学』KADOKAWA、二〇一五年。

中河伸俊「男の鎧——男性性の社会学」『男性学の挑戦——Yの悲劇?』渡辺恒夫編、新曜社、一九八九年。

ネグリ、アントニオ、マイケル・ハート『〈帝国〉——グローバル化の世界秩序とマルチチュードの可能性』水嶋一憲ほか訳、以文社、二〇〇三年。

ホックシールド、A・R『管理される心——感情が商品になるとき』石川准・室伏亜希訳、世界思想社、二〇〇〇年。

マラッツィ、クリスティアン『現代経済の大転換——コミュニケーションが仕事になるとき』多賀健太郎訳、青土社、二〇〇九年。

【映像作品】

ブルックス、ジェームズ・L監督『恋愛小説家』（一九九七年）［DVD］、ソニー・ピクチャーズエンタテインメント。

第六章　スポーツと「男性性の保護区」の変容

坂　なつこ

はじめに

スポーツでは、ほとんどの競技が男女別で行なわれる。多くの人は、男性は女性よりも肉体的に勝っているのだから、男女が同じルールで競い合うのは公平ではなく、性別は当然であると考えるのではないだろうか。後述する新体力テスト（一二～一九歳）においても、持久走は男子一五〇〇メートル、女子一〇〇〇メートルと異なる距離を測定することになっており、女子は男子よりも体力がないと位置づけられているかのようである。「身体能力」を競い合うスポーツは、そのため、男性性／女性性という二分化、セクシュアリティやジェンダーの固定化に「貢献」してきたといえる。しかし、近年、男性占有の種目への女性の進出や、逆に女性のみの種目の男性への開放、男女混合種目の導入、あるいは、身体ダメージの減少や抑制を狙ったルールやVR（バーチャルリアリティ）等を利用した新しい種目開発など、スポーツの現場も変化しつつある。また、トランスジェンダーやインターセックスといわれる人々のスポーツ実践の広がりからは、「性」による分類の問い直しなどが進んでいる。スポーツする身体は、どのような変化のなかにあるのだろうか。

以下では、まず第一に、スポーツにおける生物学的性差はどのようにとらえられてきたのか、概略する。そして第二に、「生物学的性差」それ自体が科学的には疑問視されつつあること、性の二分化を維持するスポーツにおいてどのような影響が現れているのかを見ていく。最後に、N・エリアスに依拠したE・ダニングによる「男性性の保護区」について説明し、近代的身体の有り様の変化について検討する。

一　「男女格差」の克服の歴史

スポーツ界においても、男女間の格差や差別は解消されるべき問題としてとらえられてきた。近代オリンピックの設立に尽力したピエール・ド・クーベルタン男爵は、「参加することに意義がある」という言葉でよく知られているが、女性がスポーツをすることは「非常識で、興味を引くものではなく、美的でもない」と評したとされる。当時、上流階級の女性の間ではスポーツが広まりつつあったが、來田享子は、近代スポーツに存在した性の二重規範（ダブルスタンダード）のために、女性のスポーツ実践は限定されていたと指摘する（「近代スポーツの発展とジェンダー」、三九）。すなわち、一方には当時の医学や解剖学を背景に、優秀な母体となるべき女性の身体の健康が重視され、他方では、優雅な振る舞いや美しい姿勢、礼儀作法を求められた。そのため、「女性らしさ」を逸脱しないと考えられた競技のみが女性に開放されたといえよう。また、母体の健康を損ねない程度の激しい運動のみが許容されたのであった。そのため、近代オリンピック大会の第一回は一八九六年にギリシャのアテネで、男性の参加者のみで開催された。女性の参加は、一九〇〇年の第二回フランス・パリ大会のテニスとゴルフで実現するが、人数は限られたものであった（日本スポーツとジェンダー学会、一八）。参加者数や種目数は、徐々に増加する。

近年の女子種目の採用年を列挙すると、マラソン（一九八四年）、サッカー（一九九六年）、レスリング（二〇〇四年）、スキージャンプ（二〇一四年ソチ）とあるように、とりわけ日本女子選手の活躍でなじみ深い競技が、最近になってオリンピック種目になったことに驚く。オリンピック大会において、すべての競技に女性が参加することができるようになったのは、二〇一二年のロンドン大会であった[1]。また二〇一二年大会では、初めて参加国のすべてで女性競技者が選出された。宗教の戒律を理由に男性しか出場しなかったサウジアラビア、カタール、ブルネイが女性選手を派遣したためである（間野、七三）。

大会における賞金や待遇の男女格差が問題として指摘されたり、伝統あるスポーツクラブが女性を排除することなども、認められなくなりつつある[2]（ゴルフダイジェストオンライン）。政治的、宗教的理由による障壁は完全には解消されてはいないが、スポーツをする女性を否定する風潮はあまりみられなくなった。このような動きは、女性の社会進出や人権運動の歩みとともに進み、日常生活においては性別にかかわらずスポーツが行なわれるようになってきたといえよう。国際社会においては、一九九四年に、イギリス・ブライトンで第一回世界女性スポーツ会議が開催され、ブライトン宣言が採択された。この宣言は、スポーツのあらゆる面において、女性の参加を可能にし尊重することによって、スポーツ文化の発展を目的とし、スポーツにおける男女平等実現を図る一〇原則からなる。国際オリンピック委員会（ＩＯＣ）をはじめ、地域の政府、国内オリンピック委員会などがこの宣言に同意し署名している。また、「第六回世界女性スポーツ会議」で見直しが行なわれ「ブライトン・プラス・ヘルシンキ二〇一四宣言」として新たに承認された。四年ごとに開催されるこの会議は、二〇〇六年には熊本でも開催された（スポーツ庁）。

二　スポーツにおける「男女差」

他方で、スポーツする身体には「男女差」があるという考えは、あまり疑問をもたれることがない。「身体能力」を競うスポーツにおいては、「生物学的性差」はもっとも基本的なカテゴリーとして扱われている。たとえば、スポーツ大会の多くは、予選や予選リーグを通じて、参加者やチームを厳選していき、決勝に向けて戦力を拮抗させていくが、そもそも男女別に分かれて競いあう。オリンピックでは、男女混合種目を除けば、男女が同じルールで競い合うのは馬術だけである。身近な例でいえば、学校教育においても、多くの場合、体育は男女別で行なわれる。

「勝負の公正さ」のために人為的に平等な機会をつくることは、スポーツのおもしろさを担保するために重要な条件であるが、経験や年齢（成長度合い）など、多様な指標のなかで、男女がまずもって分類されるのは、どのように正当化されうるのだろうか（「指標あるいは境界としての性別」、六六）。

競技参加の男女平等が進む一方で、男女というカテゴリーが維持される理由は、スポーツにおいて男性的身体が女性的身体よりも有利である（「強い」）と考えられているからであろう。スポーツで競われる「身体能力」の中心を成す筋肉や骨量は、男性のほうが女性よりも大きい、あるいは生成しやすいとされるからである。では、男性の身体は女性の身体よりも「強い」のか。

運動生理学によれば、人間の体力は、大きく「行動体力」と「防衛体力」に分類される。前者はさらに「エネルギー的体力」（体格、姿勢、筋力、スピード、持久力、柔軟性など）と、「サイバネティクス的体力」（発揮されるエネルギーの使い方、巧みさなど）に分類される。「防衛体力」がいわば健康（生きていること）の基盤となるとすれば、「行動体力」は競技力の基盤となる。スポーツで使われるのは、行動体力のなかのエネルギー的体力である（「体力テストとジェンダー」、二〇〇六）。

他方、防衛的体力を「男女」で比較すれば、統計的に平均寿命が長い女性が「優位」となる。厚生労働省によれば、二〇一七年度の統計では、日本人の男性八一歳、女性は八七歳となっている（厚生労働省、および白澤、一八七八）。

このことから、スポーツでは、人間の体力の一部分のみが使われるが、あたかも身体全体の優位性を可視化しているように感じられてしまうといえる。

飯田は、日本における新体力テスト（スポーツテスト）の、スポーツのジェンダーイメージに果たしている役割を分析している（「体力テストとジェンダー」、二〇〇五）。戦前には、体力章検定（一九三九年）、女子体力章検定（一九四三年）が、「健康な母体」の体力向上や「銃後の守り」などを目的に行なわれてきた。その後、一九六四年東京オリンピックの年から行なわれたスポーツテストは競技力に関連する体力に焦点が当てられており、偏りが見られるという批判があったことから、一九九九年からは「健康に関する体力」を測定する新体力テストが導入された。新体力テストにおいて測定されるのは、このエネルギー的体力である。そこにおいては、男性的身体が有利となる。新体力テストの結果は、小学校低学年を除けば、平均値では男性が高くなるのであり、男性的身体が女性的身体よりも「強い」という「生物学的根拠」が与えられる。ところが、ソフトボール投げや反復横跳びの結果は、日常生活における運動経験、参加度合いによって左右されるものである。(3) 思春期になるにつれ、スポーツ実践は男女で差が開き、女性は球技などから遠ざかる傾向があることが示されている（文部科学省）。

「女子は男子より弱い」や「女性にスポーツは向かない」といった言説は、このような実践を通して形成されるといえるだろう。日本のスポーツ界に特徴的な女子マネージャーという存在も、選手を支える補助的役割が「母性」を根拠とし、スポーツにおけるジェンダーイメージを表象するものでもあった。高井によれば、「女子マネージャー」とは、一九六〇年代に登場するが、男性の領域を侵すことなく、スポーツ（男性の領域）に女性の位置づけを確保というものであった（高井、五九）。[4]

また、岡田桂は、ジュディス・バトラーを引用して、スポーツにおいて「ジェンダーが演じられる」と指摘する[5]（岡田、八）。女性がパワー系のスポーツを避ける、あるいは男性が表現系のスポーツを選ばない、女性選手がファッションに気を配るなどすることも、スポーツにおけるジェンダーイメージの影響と考えられるだろう。

三　境界の曖昧な性の有り様

生物としてのヒトに性があることは否定されるものではない。しかし、生物学を根拠に性を二元論的に分類することはそれほど簡単ではない。たとえば、同性婚やＬＧＢＴを否定する議論には、「（社会あるいは種を維持するための）生殖には男女が必要である」という考えかたから、二元論は説得力をもっていると考えられているが、「生物学的」な事例では、生殖に雌雄（男女）が必要でない種もあるなどむしろ多様である。[6]

ヒトの性についても、性染色体（卵子＝Ｘ染色体、精子＝Ｘ染色体、Ｙ染色体）だけで決定されるのではない。近年の研究では、妊娠六週間頃、精巣決定遺伝子SRYがXY（オス）をもつかどうかで、精巣ができるか卵巣ができることがわかっているが、稀にXXがSRYをもっていたり、XYがもっていなかったりするケースもあるという。さらに、外性器・内性器の性分化や、アンドロゲン（男性ホルモンの総称。そのうちの一種がテストステロン）の生成と分泌によっても、性が決定する。それだけではなく、脳の性分化についても研究が進められている。ここでもアンドロゲンの分泌が影響するといわれているが、「特定の時期に特定の量」が必要であり、しかも遺伝子（染色体）とは関係ない。かつ、生後の育て方も影響するといわれていることから、文化的、社会的影響が考えられる。近年の脳科学においては、個人差（環境差、個性）のほうが大きいとする研究もあり、エリオットは、子どもの脳の男女差は、驚くほど小さいと指摘する（エリオット、一五）。「科学者たちは、もはや遺伝と環境を明らかな対立物として戦わせず、むしろ遺伝と環境が複雑に絡み合うものだと認めている。男の子と女の子は、わずかに異なる遺伝子とホルモンをもってこの世に生まれてくる。だが、男の子はXY染色体をもつ細胞から、女の子はXX染色体をもつ細胞から成長する間も、つねに環境と相互作用している」のである（エリオット、一七）。

男性と女性の身体が生物学的にはわずかな差があるだけであり、遺伝子はほとんど同じである（エプスタイン、一〇八）。確かに、筋肉の発達や心臓の持久力は、Y染色体の遺伝子情報によって活性化するが、トレーニングの仕方、ホルモンの供給のされ方など、さまざまな要因によって作られる。そのため、スポーツのパフォーマンスは、男性的身体、女性的身体にのみ依存するのではない。経験や個人の能力差によっても異なる。にもかかわらず、生物学的性差の根拠とされ、かつそこに男女における優位さがジェンダーイメージとして固定されてきたといえる。国際陸上競技連盟（ＩＡＡＦ）やＩＯＣによる性別確認検査や、ドーピング検査のテストステロン（男性ホルモンの一種、筋肉を増強させる）検出もまた、影響を受けているといえる。

オリンピックでは、一九六八年から、一九九九年に廃止が決定されるまで、男性選手が不正を働いて女性選手として出場しないように、女性選手に対して性別を確認するという検査が行なわれていた。これらの検査が廃止されていく背景には、検査方法の非人道性やプライバシーの保護の問題、さらにＬＧＢＴの選手の増加も含め、男性的身体と女性的身体の境界が、それほど明解に決定できないことがわかってきたからだ(7)。

二〇一八年ＩＡＡＦは、アンドロゲン過剰症によりテストステロン値が高い女性選手には治療をすることによって出場を認めるとしたが、テストステロン値の競技力への影響の科学的根拠が明確には示されないなど、性別確認検査を巡る議論は継続している（「指標あるいは境界としての性別」、七二）。

四　文明化の過程とスポーツ

そもそも近代スポーツは、男性的身体の優劣が競われる場であり、生物学的性差を「自然化」させることに貢献してきた。また、スポーツの父権的性格かつ男性ヘゲモニーの維持を補助するという機能は、生物学的性差を根拠として、正当性を与えられてきたといえる。ホールは、一九六〇年代に始まる第二派フェミニズムが、女性の身体の搾取や支配に関する意識を高めることに貢献してきたとする（ホール、一一八）。そのため、スポーツ社会学においても、男女の差別的構造の解明が課題の一つとなってきた。ダニングは、それに対して、「スポーツに存在している、あるいはスポーツによって生まれる男性優位の形態について、またこれに関連して起こった変化についての体系的な理論」を構築することが重要であると指摘する（エリアス・ダニング、三九三）。

なぜ、男性的身体は、スポーツの場において優位性を誇示しなければならなかったのだろうか。ダニングは、男性的身体が、むしろ、スポーツの場に囲い込まれていったと考える。スポーツにおいてのみ、男性性が非難されることなく発揮される。つまり、その外側では、男性的身体に象徴される振る舞いは、歓迎されなくなっていくのである。

一般的に、スポーツとは、一九世紀後半頃に欧米を中心に組織化され、共通のルールをもつ、各種競技を意味する。歴史的には、たとえばギリシャ・ローマ時代の剣闘士や、日本の蹴鞠など、身体を使った余暇の活動や文化は、もちろん世界各地で行なわれてきた。スポーツという言葉の語源もまた古い。「はしゃぎまわる」を意味する desporter（デスポルテ：動詞）に由来する、古フランス語の desport（デスポール：名詞）から派生するとされている。一二〜一三世紀頃の文献に見られるようになるが、当時は、「あらゆる種類の楽しみ、あるいはそのおかげで時間が愉快に過ぎていく実践活動の全体、つまり、ゲームのみならず会話や冗談などが持つ特徴を明確に規定するものだった」（トマ、一九）。ところが、一八二八年の雑誌において、「その同義語がわがフランス語には存在しないスポーツという語は……狩猟や競馬やボクサーたちの闘いを示す」と、意味することが大きく変わり、「スポーツ」として逆輸入される。トマに依れば、騎士道とともにイギリスに移入した〈desport〉は、一四世紀頃に〈sport〉と変形し、異なる意味をまとって英語として定着し、世界に拡散していったのであった（トマ、二〇）。異なる意味とは何だろうか。N・エリアスは、「スポーツ」という文化が、単に「狩猟や競馬やボクサーたちの闘い」を指すのではなく、近代国民国家の形成過程において、イギリス社会に成立した新しい娯楽であり、文化的相対物ととらえた。

そのような娯楽の形式は、肉体的暴力の使用が軍隊や警察によって独占され、かつ税金によって租税を独占する社会システムのもとで成立する。そこでは、権力の交代は、議会制民主主義のもとで非暴力的に行なわれる。そのような社会においては、人々にとって、突発的な情動の変化や肉体的な強さよりも、さまざまな戦略、妥協、協調、長期的視野が必要である。

エリアスは、そのため、そのような社会システムが発達する近代イングランドに発生したある特定の身体文化・娯楽の形式が世界に普及することを「スポーツ化（sportization）」と呼んだ。すなわち、「……競技者として、あるいは観客として、個人間やチーム間で行なわれる肉体的競技を楽しみ、さらに流血もなく、競技者がお互いにいかなる重大な傷害も加えないという条件の下でこれらの競技によって引き起こされる緊張や興奮」を好ましいものとして享受するのである（エリアス・ダニング、二八）。

著書『文明化の過程』において、エリアスは中世ヨーロッパの宮廷社会において発達する、礼儀作法や振る舞い方を分析し、人間の振る舞いや情動が社会構造との関連において変容することを示した。キンスキーは、エリアスが、不快感や差恥心の歴史的変容を「文明化の現われ」とし、「近代社会への政治的、社会的な変化が、それと同時並行的に複雑化する個人と個人の関係を円滑にするために、情動の制御を高めていった」ことをとらえていると指摘する。中世ヨーロッパ社会では、「人口密度が高くなり、それに伴って人々の相互依存度も上がり、社会関係が複雑化し、政治権力の集中化が進むという近世的集権国家の出現を彩る社会条件のもとで、食事作法が占めている役割が、強化の一途をたどる情動抑制や身体表現の規律化といった視点から浮き彫りにされる」のである（キンスキー、九九）。

スポーツは、このような「文明化の過程」とエリアスが呼ぶ、行動と感情の一般的な法則とおなじ方向の発展のうえにとらえられる（エリアス・ダニング、三〇―三一）。すなわち、突発的に発生する「路上の喧嘩」や戦争や紛争が減少し、肉体的暴力に翻弄されない日常の生活の安定があり、人々の情動は安定する（せざるをえないともいえる）。そうなってはじめて、人間の肉体的暴力への嫌悪感の閾値が高くなり、娯楽においても暴力への接近は減少するとしている。エリアスは、「狐狩り」を例にとり、最初は狐を追い詰め、殺し、食卓に挙げることが狩りの楽しみ（報酬）であったところから、徐々に狐を追い詰めることが重要になり、最終的に仕留めるのは専用の犬に任せられるようになる（しかも隠れて行なわれる）過程を説明する。それと平行して、暴力への嫌悪感の閾値は高くなる。現代社会においても、たとえば、ラグビーやアメリカンフットボール、アイスホッケーのような、一見肉体的接触が激しく生じる競技では、あたかも暴力が容認されているような表現がなされる場合がある。しかし、競技中の肉体的接触はある一定のルールの下で行なわれ、相手（と自分）に字義通りの致命傷を負わせる（あるいは殺す）ために行なわれるわけではないのである。

一方で、人々は自己の感情を内面においてコントロールすることが必要になっていき、自己抑制の社会的強制力は強まっていき、内面化が一層進む。スポーツとは、そのような内外の強制力が強まる社会において、安全に情動を発散し、お互いに了解のもとで「興奮の探求」が可能な、社会における「飛び地」となるのである。近代スポーツが、一九世紀イングランドのパブリックスクールにおいて発展し、普及する過程で、競技の形式だけではなく、そのエートスは、英帝国の広がりとともに世界中の植民地へと「輸出」され、「伝播」する。自己規律が内面化され、体系だったルールを尊重しつつ、一定の肉体的接触と情動の発散が好まれる。そしてそれがエリート層に必要な振る舞いと見なされるようになる。それは「平和化」する社会における「代替的な闘争」の側面も保持してきたといえよう。

エリアスとダニングは、近代スポーツを「新たな娯楽の形式」ととらえ、その新しい娯楽を「楽しむ」ことのできる社会が、近代社会であるととらえた。

議会制民主主義が発達し、「政治における妥協」という行動様式を身につけ、自己抑制を要求する社会において、「暴力への感受性」は強くなり、そのような社会において「肉体の行使や技をともないながらも、その過程で誰かが（自らも：筆者補足）重傷を負う可能性を最小限に減らす闘争の開放的な興奮を人びとに与えてくれる」娯楽が好まれる（エリアス・ダニング、二一八）。種々のルールに従いながら、しかし身体を行使する「模擬的な（mimetic）」戦いである。一九世紀イングランドで確立するこのような社会において、「娯楽のスポーツ化」は始まり、新たな意味をもって世界に広がっていくのである（ダニング、四〇七）。

著書『文明化の過程』では、攻撃欲の変遷について論じられている箇所において、次のように説明する。「もちろん、文明社会の日常においてもこれらの情感は、洗練され合理化された形で、合法的でかつ綿密に限られた特定の位置を占めている。そしてこの事実は、文明化につれて情感生活に起こる変形の在り方を明確に特徴づけている。戦闘欲・攻撃欲は、たとえばスポーツ競技において、社会的に公認された形で顕現する（『文明化の過程　上』、三八八）。さらに、ボクシングの聴衆に言及しながら、「本来能動的で、ときとして攻撃的な面を見せる欲望表出を、受動的でたしなみのある鑑賞欲」へと、すなわち「目で楽しむ」ことができるまで抑制された情動の変化について「文明社会の特性」であるとしている。さらに、「いずれの場合にもそれぞれの社会が求める娯楽は、その社会の情感基準の顕現であり、個々の情感のモデル化がたとえ多種多様に見えようとも、その基準をはみ出すことはない」と述べているのである（エリアス・ダニング、四一五）。ここではまだ情動の抑制とその社会的規制の在り方の変化、暴力の形態の変化に焦点があてられているが、のちにスポーツ研究において詳細に論じられる「暴力への感受性」の変化についてすでに触れられている。そして、このような情動の変化は、「それ自体心理的であると同時に社会的な現象である」（『文明化の過程　下』、四〇九）。

スポーツが男性性の保護区としての機能を維持しているのは、男性性のアイデンティティの生産と再生産の主要な場であるからだった。ダニングは、「男女間の権力の機会と、男女の必然的な相互依存の内部に存在している性的分離の程度に影響を及ぼす、より大きな社会構造の諸特徴であるように思われる」とする（エリアス・ダニング、四一五）。スポーツは、そこでは、男女間の身体的格差を象徴的に表象し、意味づけを行なっていく文化装置であった。近代社会は、「〈男らしさ〉や〈女らしさ〉というジェンダーの構造が、それまで以上に強調される社会の誕生」なのであり、生産手段における性差が明確ではなくなるからこそ、「男女差」がよりいっそう強調されてきたといえるだろう（冨士谷、一一九）。

五　男性性の保護区とその変容

ダニングは、近代スポーツの性質は、個人的な行動規範においては、「男性性の保護区」としての役割も担っていくととらえた。「いくつかのスポーツ分野は――軍隊や警察のような職業とともに――男性的攻撃性の合法的な表現のための、肉体的勇気や力の使用と誇示をともなう伝統的な男性のハビトゥスの生産と再生産のための飛び地を代表するようになる」のである（ダニング、四〇七）。

ダニングは、第一に、社会の重要な制度が暴力の行使を承認し、実際、賛美する限り、男性の権力は強化し、反対に、社会のルールが、暴力が広くタブー視される程度に実施されれば、弱化するとしている。また、第二に、男性が公的領域で名誉を与えられるような男性自身の制度（「男性の保護区」）をもつ限り、男性の権力は強化し、反対に、そのような制度が統合されれば弱化するとしている。たとえば、狩りや農耕が主要な生活手段である場合、そのような傾向は強まるであろう。近代社会においても、男性が社会機能の中心的な位置を占めている場合も同様だろう(8)。

スポーツが、男性性の功績を公的に賞賛する場である限り、男性性の保護区としての機能は維持され続けるともいえる。これは、先に議論した、生物学的性差を正当化の根拠とした、スポーツのジェンダーイメージへの影響を考えればわかりやすいだろう。

そのような男性性の保護区の変容を、ダニングは、男女間の権力関係とバランスの構造的な変化のもとでとらえていく。一九八〇年代のイングランドのフットボールにおける暴力の研究において、ダニングは、観客が暴徒化するフーリガニズムと、ラグビー（ユニオン）の選手文化との違いを比較している。そこでは、「乱暴な」労働者階級の暴力的な男性のスタイルのなかに表される男性性と、ラグビーのなかで表されるそれとの重要な違いが示される。ラグビー選手の肉体的暴力と頑強さはゲームの社会的に容認された手段へ向けられ、一方、「乱暴な」労働者階級においてはもっと重要な「人生を賭けた献身」になる傾向があるとする。さらに、ラグビーにおいては、儀式や歌などを通して女性を象徴的に対象化し、あざけったりけなしたりする（ここでは、ミソジニー的なチャントや、ホモフォビア的な表現が用いられる）が、フーリガンの歌やスローガンには女性は全く現れないとする（エリアス・ダニング、四一五）。ダニングは、下層労働者階級においては、女性の力がより低く、従って男性にとって社会的な脅威とはならないととらえる。そのような状況下においては、「女性は実際に対象化され、大いに利用され、そして男の公然たる暴力にさらに従うことになる」のである。すなわち、同じスポーツの「男性性の保護区」であったとしても、置かれた社会的状況と男女間のバランスの違いが示される。ここでは、社会階級の違いも強調されよう。

そのため、この点については、今後さらなる研究が必要であろう。とりわけ、近年のラグビーやサッカーにおける女性選手の活動の広がりや、連盟や協会、スタッフとしての参加、各々の社会におけるジェンダー状況は、あらたなスポーツの変化を生み出している。グローバリゼーションの進展に伴う人権意識の広がりや、社会構造の変容は、ますますスポーツの世界における肉体的暴力や損傷への監視を強め、ルールが強化される一方、近代的身体に抗うような新たな運動文化を生み出しているのである。

おわりに　多様なスポーツ的身体文化の出現

これまでも、近代スポーツにおける競争原理や攻撃性に対抗する新しいスポーツの有り様はみられた[9]。近年、その広がりはますます大きくなっているように思われる。そこでは、競争や勝敗は決定されるが、技の個性や奇抜性などのパフォーマンスがより重視されたり（スケートボードやサーフィン等）、身体運動そのものの喜び（パルクール、フリースタイル）、より条件の厳しい環境での競争や「興奮の探求」（エクストリーム系）が追求されるなど、近代スポーツの要素を大きく逸脱するような有り様がみられる。また、障がい者スポーツをみてみると、パラリンピックがますます高度化する一方、アダプティッドスポーツ（Adapted Sport）とよばれる、道具やルールを修正するなどして健常者／障がい者を分けずに行なう競技も広がりつつある（藤田、一三）。従来の競技を改編したり、道具を変更したりすることによって、障がいや年齢、性別などによらずに競技に参加することができるようになる。そこでは、近代スポーツに参加する「身体」のモデルそのものの有り様が問われることになるのである。さらに、超人スポーツは、最新の機器を使用することによって、障がいや男女差、年齢等をフラットにして参加することを目指して開発されている（坂、六五）。また、インターネットゲームの競技化は急速に普及しており、大きな市場になりつつある[10]。

近代スポーツは、常に男女差を表象してきたが、それを変化させる動きもある。オリンピックでは、従来からあるミックス競技だけではなく、フィギュアスケート、陸上競技や柔道など、新たな男女混合種目の採用されている。男女二元論の変容を促すかどうかは検討の余地があるが、オリンピックのパブリシティを挙げるための新種目として考えられているという点が興味深い。性的マイノリティの参加する競技大会も増えてきており、男女というカテゴリーが相対化するような動きとして注目される。[11]「男性性」として優遇されてきた身体の有り様は、女性だけでなく、「スポーツが出来ない男性」や障がい者の身体をも疎外してきた。[12]他方で、近代的身体とは、画一化され、均質化してく存在であった。男性的身体にせよ、女性的身体にせよ、近代スポーツで「強さ」「速さ」を示すのは、一部の筋肉や骨量であったためだ。

近年の医学や生理学、遺伝学等の発展により、人類の身体の捉え方は変化を余儀なくされている。[13]身体活動を補助する用具や機器（インターネットなどのソフトも含め）における科学技術の発展によって、「生身の身体」や「生来の身体」といった感覚は、ますますスポーツ活動から消失していくように思われる（日本スポーツ社会学会、四）。

確かに、スポーツは、身体を使って競い合い、優劣をつけることを目的とする身体文化であり、そのために、生物学的な違いを「優劣」として可視化してきた。だが、スポーツがそのように身体を可視化する文化装置であるならば、身体の多様性の認識が広がるにつれ、その多様性を「可視化」することも可能ではないのだろうか。あるいは、スポーツは「新たな身体」に耐えられず、消滅するかもしれない。エリアスは、近代スポーツを近代社会に登場した「新しい娯楽の様式」ととらえた。未来社会においては別の「新しい娯楽の様式」が生まれるかもしれないのだ。

◉註

（1）オリンピック種目の採用は、世界選手権などから遅れることが多い。たとえば、女子スキージャンプは二〇〇九年には世界選手権が行なわれている。

（2）二〇二〇年東京大会（二〇二〇年三月に二〇二一年への延期が決定）でオリンピックのゴルフ会場になる予定の霞ヶ関カンツリークラブ（埼玉県）は、ＩＯＣの要請を受け、女性会員を受け容れることになった。同クラブは一九二九年に開場。正会員を男性に限ってきたが、国際オリンピック委員会（ＩＯＣ）が「差別を禁じた五輪憲章に抵触する」と指摘したことから、二〇一七年三月の理事会で規則を改定し、女性正会員を認めると決定した。二〇一八年五月、初めて女性会員として三名が承認された（ゴルフダイジェストニュース）。

（3）キャッチボールやソフトボールなどの実施率には男女差があることが示されている（大勝、五八）。

（4）〈男性〉選手を応援する女性という構図のチアリーダーなども象徴的存在であろう。その点、日本の応援団は特異な存在であろう。谷口は、明治期に形成される応援団について、感情の高揚や闘争心の発露が「男らしい」ものと肯定的に受け止められていた点に着目している（谷口、七〇）。

（5）メディアの役割が大きいことは縷々指摘されている（「メディアとジェンダー」、六四）。

（6）雌雄同体は雌雄の両生殖巣をもつ個体や、雌雄が入れ替わる個体などもある。また、単為生殖、単為発生など。

（7）二〇〇九年世界陸上の八〇〇メートルで優勝後、その記録と体格などから性別を疑われ、ＩＡＡＦによって医学的調査が行なわれた。その結果はメディアによってインターセックスであると報道された。本人の意志によらずに検査が行なわれたこと、その結果がメディアによって周知されたことも問題となった。

（8）世界経済フォーラム（WEF）が公表する世界各国の男女平等の度合いを示した「ジェンダー・ギャップ指数二〇二〇」において、日本は調査対象一五三ヵ国のうち、一二一位である（内閣府、一一）。同指数は女性の地位を経済、教育、政治、健康の四分野で分析し、ランキング化している。

（9）トロプス、ニュースポーツ、カリフォルニアスポーツなどがある（唐木、一七）。

（10）eスポーツは、二〇一八年ジャカルタ・アジア大会で初めて公開競技として実施された。スポーツとデジタルメディアの関係、およびeスポーツの広がりについては、ミア（二〇一八）に詳しい。

（11）ゲイゲームス、アウトゲームスなどが知られている。

（12）「男らしさのゆらぎ」については、多賀、カシュモア、岡田を参照のこと。

（13）国際アンチドーピング機構（WADA）は、二〇一八年の「世界アンチドーピング規定　禁止表国際基準」の遺伝子ドーピングの項目に、ゲノム編集による遺伝子操作について追記している。また、生殖技術の進展により、「生む性」「生まない性」といった身体についての認識も変化しつつある（柘植、一一一）。

◉引用文献

飯田貴子「体力テストとジェンダー――文部省「スポーツテスト」を問う」飯田貴子・井谷惠子編著『スポーツ・ジェンダー学への招待』明石書店、二〇〇四年、二〇二―二一〇頁。

飯田貴子「メディアとジェンダー　総論」飯田貴子、熊安貴美江、來田享子編著『よくわかるスポーツとジェンダー』ミネルヴァ書房、二〇一八年。六四―六五頁。

飯田貴子「スポーツとジェンダー・セクシュアリティ」飯田貴子、熊安貴美江、來田享子編著『よくわかるスポーツとジェンダー』ミネルヴァ書房、二〇一八年。二―三頁。

伊藤公雄・冨士谷あつ子監修『ジェンダー学を学ぶ人のために』、世界思想社、二〇〇〇年。

エプスタイン、D・『スポーツ遺伝子は勝者を決めるか？――アスリートの科学』川又政治訳、早川書房、二〇一四年。

エリオット、リーズ『女の子脳　男の子脳――神経科学から見る子どもの育て方』竹田円訳、NHK出版、二〇一〇年。

エリアス、N・『文明化の過程　上』赤井慧爾他訳、法政大学出版局、一九七七年。

エリアス、N・『文明化の過程　下』波田節夫他訳、法政大学出版局、一九七八年。

エリアス、N・、E・ダニング『スポーツと文明化――興奮の探求』大平章訳、法政大学出版局、一九九五年。

大勝志津穂「運動・スポーツ種目の実施率の男女差について――実施率の時系列変化に着目して」『スポーツとジェンダー研究』一三巻、二〇一五年。五六―六五頁。

岡田桂「ジェンダーを〝プレイ〟する―スポーツ・身体・セクシュアリティ」『スポーツ社会学研究』一八巻二号二〇一〇年。五一―二二頁。

カシュモア、E・『ベッカム神話――全地球的アイドルの研究』東本貢司訳、NHK出版、二〇〇三年。

唐木國彦「『やわらかいスポーツ』の特質について」『研究年報』一橋大学、一九九五年。一七―二一頁。

キンスキー、M・「礼は飲食に始まる――近世日本の作法書をめぐって」『京都大学人文學報』八六巻、二〇〇二年。九七―一四二頁。

來田享子「近代スポーツの発展とジェンダー」飯田貴子・井谷恵子編著『スポーツ・ジェンダー学への招待』明石書店、二〇〇四年。三三―四一頁。

來田享子「指標あるいは境界としての性別――なぜスポーツは性を分けて競技するのか」『身体・性・生　個人の尊重とジェンダー』杉浦ミドリ、建石真公子、吉田あけみ、來田享子編著、尚学社、二〇一二年。四一―七一頁。

厚生労働省「平成29年簡易生命表の概況」。二〇二〇年二月一九日閲覧。https://www.mhlw.go.jp/toukei/saikin/hw/life/life17/index.html
ゴルフダイジェストオンライン「霞ヶ関CCが女性3人の正会員を初承認」GOPニュース、二〇一八年五月

一一日。(https://news.golfdigest.co.jp/news/article/74005/1/)

白澤卓二「寿命の性差医学——何がどこまでわかったか」『medicina』四八巻一二号、二〇一一年。一八七六—一八八一頁。

坂なつこ「超人スポーツが提起する新しいスポーツの地平」『一橋大学スポーツ研究』三五巻、二〇一六年。六三—六六頁。

スポーツ庁「女性スポーツに関する国際的な取組」。二〇二〇年二月一九日閲覧。https://www.mext.go.jp/sports/b_menu/sports/mcatetop11/list/1387282.htm
高井昌吏『女子マネージャーの誕生とメディア——スポーツ文化におけるジェンダー形成』ミネルヴァ書房、二〇〇五年。

多賀太『男らしさの社会学——揺らぐ男のライフコース』世界思想社、二〇〇六年。

谷口雅子『スポーツする身体とジェンダー』青弓社、二〇〇七年。

ダニング、E・『問題としてのスポーツ——サッカー・暴力・文明化』大平章訳、法政大学出版局、二〇〇四年。

柘植あづみ『生殖技術　不妊治療と再生医療は社会に何をもたらすか』みすず書房、二〇一二年。

トマ、R・『新版スポーツの歴史』蔵持不三也訳、白水社、一九九三年。

内閣府「世界経済フォーラムが『ジェンダー・ギャップ指数』を公表」『共同参画』二〇二〇年三・四月号。

日本スポーツとジェンダー学会編『データでみるスポーツとジェンダー』八千代出版、二〇一六年。

バトラー、J・『ジェンダー・トラブル——フェミニズムとアイデンティティの攪乱』竹村和子訳、青土社、一九九九年。

ホール、A・『フェミニズム・スポーツ・身体』飯田貴子・吉川康夫監訳、世界思想社、二〇〇一年。

藤田紀昭『障害者スポーツの環境と可能性』創文企画、二〇一三年。

日本スポーツ社会学会『スポーツ社会学研究　特集：スポーツ・身体と科学技術のサイエンス・カフェ』二〇一五

年第23巻第1号、日本スポーツ社会学会。三一―四六頁。

間野義之、三菱総合研究所〝ビジョン２０２０〟推進センター『オリンピック・レガシー　２０２０年東京をこう変える！』、ポプラ社、二〇一三年。

ミア、アンディ『Sport 2.0』田総恵子訳、ＮＴＴ出版、二〇一八年。

文部科学省、平成27年度全国体力・運動能力・運動習慣等調査。二〇二〇年二月一九日閲覧。

http://www.mext.go.jp/a_menu/sports/kodomo/zencyo/1365119.htm

第七章　フォード・マドックス・フォード『パレードの終わり』における男性性と身体

川本　玲子

はじめに　『パレードの終わり』が描く二つの戦争

フォード・マドックス・フォード（一八七三―一九三九）は、その七〇年足らずの人生において一九世紀と二〇世紀を半々に生き、途中四〇代にして第一次世界大戦に従軍しながら、小説、詩、随筆、童話、文学や美術の評論、ヘンリー・ジェイムズやジョウゼフ・コンラッドらの評伝を含む数十冊の著作を出版した、きわめて精力的な書き手であった。フォードの代表作であり、またおそらく最高傑作でもある『パレードの終わり（*Parade's End*）』四部作（*Some Do Not. . .* (1924), *No More Parades* (1925), *A Man Can Stand Up –* (1926), *Last Post* (1928)）[1]は、アントニー・バージェスに「第一次世界大戦について書かれた最もみごとな小説」（97）として称賛されると同時に、グレアム・グリーンには「これまで英語で書かれたなかで、セックスライフを扱う唯一の大人向け小説」と評されてもいる（*A Dual Life* 267）[2]。長大なフォードの評伝をあらわしたマックス・ソーンダーズによれば、塹壕戦で爆撃を受け、シェルショックに陥って長年の断筆を余儀なくさせられたフォードは、この体験を活かし、「可能性としての戦争に終わりを告げるような心境」に人を導くような小説を書きたいと考えたという（*A Dual Life* 199）。ただし、この作品の前景を占めるのは、国どうしの戦争よりもむしろ、それと並行して戦われる苛烈な「男女間の戦争」の詳細である（*A Dual Life* 266）。カーカネット出版の註釈版 *No More Parades* に収録されたジョウゼフ・ウィゼンファースの前書きによれば、フォードが推敲時に同作の冒頭部で行なった加筆の多くは「兵士たちは常に二つの戦線で戦っている」ことを印象づけるものだ（Wisenfarth, “A Note” 1）。また、シリーズを通じた物語の大半は大戦を背景としているものの、*Some Do Not. . .* の前半や *Last Post* が中心的に描くのは、主人公クリストファー・ティージェンスとその恋の相手ヴァレンタイン・ワノップ、妻シルヴィアの三角関係や、彼の友人ヴィンセント・マクマスターとその（後には妻となる）愛人エセルことデュシュマン夫人との安易で実利的な恋愛、そして戦後のティージェンスとヴァレンタイン、そして彼の兄マークの生活などである。また、終始フランスの駐屯地を舞台とする *No More Parades* においてすら、戦闘の描写はきわめて少なく、ティージェンス自身を含めた兵士たちを悩ませる数々の「女性問題」に紙幅が割かれる。

Some Do Not. . . のタイトルについてソーンダーズは、do not に続く動詞を割愛することで、「多様な意味をもつ、しかし強力なほのめかし」が込められているのであり、そこでとりわけ強く暗示されるのは「性と自由恋愛」であると指摘している（"Introduction" xlii）。少なくともティージェンスが属する社会階級において、直接的な表現を許されないことがらは、省略あるいは反語的な言い回しを通してのみ、会話や意識に侵入しうる。富と教養に恵まれ、また「うっとりするほど美男子」でもありながら、その色情狂的傾向によって英国国教会での出世を阻まれているデュシュマン牧師は、妻エセルが自宅で催す優雅な朝食会の最中に突如立ち上がり、「純潔！［……］純潔だ、わかるかね。なんと示唆に富んだ言葉だろう……」と叫ぶ（*SDN* 124）。間もなくマクマスターとの情事を始めることになるエセルもまた、「純潔には何か美しい、何かわくわくするものがあるわ」とヴァレンタインに語る（*SDN* 107）（なお、ソーンダーズの註によれば、フォードの回想記 *Return to Yesterday*（1931）の出版にあたって編集者が「いかがわしすぎる」として難色を示したのが、まさにこの「純潔（chaste）」という語であったという（*SDN* 124 n.)）。エセルの周到な防御策にもかかわらず、デュシュマン牧師

がさらに卑猥な言葉を叫んで「暴走」する場面では、出席者全員がその言葉をなかったものにするかのように、顔色一つ変えず、普通の会話を続ける。上流社会の暗黙の了解によって、言葉に言い表わせないもの、言い表わしてはならないものが、隠したり無視することで抑圧された末、ついに噴出するというテーマは、作品を通してさまざまな形で現れる。つまり *Some Do Not. . .* においては、すべての「いかがわしい」ことは、その不在によって、より顕著になる。

一　『パレードの終わり』あらすじ

まず、第一作の *Some Do Not. . .* は、ヨークシャーの旧家の末息子であり、政府の統計局に勤めるティージェンスが、職場の同僚で新進文芸批評家でもある盟友マクマスターと共に列車でライに旅する場面から始まる。その前の晩ティージェンスは、別居中の妻シルヴィアからの電報を受け取っていた。美しく気まぐれなシルヴィアは四ヵ月ほど前に男と駆け落ちしていたが、ロンドンの家に帰りたいと言ってきたのだ。呆れて反対するマクマスターに耳を貸さず、ティージェンスは妻が義母と滞在しているドイツの療養地まで彼女を迎えに行くという。古風で高潔な紳士である彼は、妻と離婚する気もなければ、二人の不和が彼自身の不貞にあるという世間の噂を否定するつもりもない。旅先でマクマスターや自分の名親であるカンピオン将軍らとゴルフに出かけた際、ティージェンスは女性参政権運動の若き活動家ヴァレンタインに出会い、男たちに追われているので助けてほしいと頼まれる。彼女はもう一人の娘とゴルフ場でゲリラ的デモを行なっていたのだ。彼女たちを狙う集団のなかにはティージェンスのゴルフ仲間がおり、彼は皆の面前で二人を逃がす。翌日、マクマスターに誘われてデュシュマン夫妻の邸宅を訪れたティージェンスは、そこでヴァレンタインに再会し、二人は互いの素性を初めて知ることになる。彼女はティージェンスの父の古い友人でもあった著名な古典学者の娘でありながら、父の死により家が没落し、一時的に宿屋の住み込み女中としての収入で家計を支えたという過去があった。一方、マクマスターはデュシュマン夫人に恋し、二人はたちまち深い仲になる。

ある日、ことの成り行きから二人きりで旅をすることになったティージェンスとヴァレンタインは、道中あれこれ語り合ううち、運命的な恋に落ちるが、互いに思いを打ち明けることはしない。世間体を維持するためにシルヴィアと同居を続けるティージェンスは、ヴァレンタインとその母親で小説家のワノップ夫人と共に過ごす穏やかな時間に唯一の安らぎを見出す。しかし、実は自分に未練があるらしいシルヴィアと離婚できないことに絶望し、戦地に旅立つが、砲弾を受けてシェルショックに陥り、一度帰国する。その後、主にシルヴィアの策略により、妻や複数の愛人から金を巻き上げているとの評判を立てられ、上流社会に居場所を失ったティージェンスは、再度戦線に戻る決意をする。この間、彼の寛大な金銭的援助を受け続けていたマクマスターは、彼の手柄を横取りする形で統計省で業績を挙げ、またデュシュマン氏の死後再婚したエセルと共に人気文学サロンを主催して、ついにはナイトの称号を得るまでにのし上がる。出征の前日、ティージェンスはヴァレンタインに一晩だけの関係をもつ提案をし、彼女はそれを承諾するが、いざその時が来ると、二人は手すら握れないまま互いに別れを告げる。

続く三作も手みじかに紹介しておこう。*No More Parades* では、フランスに駐屯中のティージェンスと部下のウェールズ人兵士たちが、本国の政治状況や、戦場の現実を理解しない軍本部からの的はずれな司令に翻弄されながら、それぞれの恋人や妻、愛人との関係に心をくだいている。また修道院に入っていたはずのシルヴィアが戦線を訪れ、ティージェンスを誘惑すべくあれこれ手管を弄したせいで、彼は死が確実だといわれる別部隊に配属される破目になる。*A Man Can Stand Up –* では、塹壕戦で仲間を失いながら辛くも生き延びたティージェンスが、終戦日、彼を愛して待ち続けていたヴァレンタインと再会し、二人が以後、生活を共にしようという気持ちを確かめあうと、戦中の仲間たちとロンドンの家でお祝いをする。そして *Last Post* は、戦後しばらく経ったある日、生家グロウビー邸をシルヴィアと息子に譲り、今や持ち前の鑑定眼を生かして古家具商として細々と生計を立てるティージェンスが、グロウビーの守り神ともいえる大木をシルヴィアが切り倒そうとしていることを知り、内縁の妻となった身重のヴァレンタインや病床の兄マークを残してヨークシャーに旅立ったあと、残された家族が戦争の爪あとが残る現在の状況にそれぞれ思いをめぐらす様子を描く。

二　ティージェンスの男性的身体の表象

ティージェンスは百科事典を暗記するほどの記憶力と、政府による統計データのごまかしを瞬時に見抜く類まれな数学の才に恵まれている（ただし、戦地でドイツ軍の爆撃を受け、その能力の一部を一時的に失う）。しかしながら、作品中での描写においては、彼はむしろその圧倒的な身体性によって特徴づけられている。三人称のいわゆる全知の語り手や他の人物たちによって何度も言及される、二六歳という年齢に似つかわしくない「もっさりした」、「輪郭のはっきりしない」、「穀物袋のようなゾウ」とも形容される彼の巨体は、彼が自身の身体に無頓着であることを暗示し、また繰り返し使われる「もたもたした（clumsy）」という表現は、彼がこれをコントロールできないことを思わせる（*SDN* 28, 19; *AMCSU* 218; *SDN* 20, 26, 28, 116）。このことは、*Some Do Not. . .* の前半で彼が繰り返し見せる、ある何気ない行動にも表れている。まず物語の冒頭近くでは、ティージェンスは駅のホームで発車しかかった汽車に伴走しながら、車掌用車両の窓に「巨大な両ハンドルの旅行かばん」を投げ込み、それから列車に乗り込む（5）。その後も語り手は何度も、彼がこのカバンを引きずったり放り投げたりする様子に読者の注意を向ける（*SDN* 16, 30, 83-84）。ティージェンスが持て余しながら担いでまわり、時に前方に放り出すこの「荷物」は、（「巨大な」という形容詞が両者に繰り返し使われることからも分かるように）彼自身の身体の象徴となっている。

一方、皮肉なことに、ティージェンスの身体は、彼自身がまったく知らないところで、男性的魅力を過剰にアピールしている。ラファエル前派の絵画を思わせる黒髪のエセルに理想の女性像を見い出したマクマスター――「小さめの男」たる彼の体躯の貧相さは、常にティージェンスの隣にいることによって際立ってしまう――は、ふと「彼、マクマスターの歓喜の源たる婦人の横を歩く、ティージェンスの大きくもたついた姿」を思い浮かべると、「女性は決まってティージェンスを好かなかった。あるいは毛嫌いした。……あるいは逆に、彼にぞっこんになった」と心中でつぶやく（*SDN* 5; 26, 27）。（そして実際、ヴァレンタインは二人を見比べ、「立派で男らしいティージェンスの腕に抱かれるという選択や機会があるなら、［……］いったいどんな女が、あんな影の薄い枯れ葉のような男

「マクマスター」を選ぶだろうか」と考える（321））。ヴァレンタインはもちろん、シルヴィアやエセルを含め、女性は良かれ悪しかれティージェンスに執着し、強い感情を抱く。このことは、周囲の男性たち──マクマスター、シルヴィアの新旧の愛人、そしてヴァレンタインに淡い恋心を抱くティージェンスの男やもめの老父までも──を嫉妬に駆り立てる。それこそが、ティージェンスを貶めさげすもうとする男たちの理不尽なまでの執念の根底にある感情なのである。

ティージェンスの性的能力もまた、さりげない（あるいは、時にはややあからさまな）象徴的表現によってほのめかされる。たとえば *Some Do Not. . .* の第一部第六章の冒頭で、初夏の日中にケント州の草原をヴァレンタインと二人で歩いた彼は、休憩のために路傍に腰掛けると、背中に感じる彼女の視線を意識しながら、常に懐中している「柔軟で［……］決して折れない」銀製の手術針で、愛用のパイプを念入りに掃除する（ポール・スキナーはこれを「不穏な描写」と評している）（*SDN* 131; Skinner 129）。また、彼が「大股を広げ、ぎこちなく鈍そうな姿で、牛脂のようになめらかで白い、知的そうな両手を脚の間にだらりとぶら下げて」座る姿を眺めて、マクマスターは、シルヴィアが別の男のものかも知れない子を妊娠していながら自分と結婚したとティージェンスに打ち明けられたときのことを回想する（*SDN* 20）。この「だらりと（inert）」股間にぶら下がる「知的そうな」手──他の箇所には彼の「巨大な白い手」、「巨大な手」への言及もある──という不思議な描写は、彼が裏切られてもなお妖艶なシルヴィアから離れられないことからも分かるように、彼の思考と行動、頭と下半身の関係の問題が複雑に絡み合っていることを暗示している（*SDN* 5, 109）。

宿屋の住み込み女中の経験から、ヴァレンタインは「人類の性的ニーズと不行状についてのいっぱしの知識」を備えてはいるが、実のところ「恋愛の肉体的な側面については、イメージも概念も何らもってはいない」（*SDN* 281, 322）。その彼女とティージェンスの恋愛は、ソーンダーズの表現を借りるなら、「極度に知性的で言語的」である（*SDN* 281, 322, "Introduction" xlviii）。第一部第七章冒頭で、ゴルフ場でのヴァレンタインのデモの相棒で、今や警察に追われているガーティーを隠れ家に送り届けた夜、馬車の旅を共にする二人は、気まずい沈黙に陥るのでも、当たり障りのない話題に逃げるのでもなく、ラテン語の文法や発音について意見を戦わせ（これについては、古典学の専門家であった父に鍛えられたヴァレンタインに軍配が上がる）、政治や戦争や女性の権利について、延々と熱い討論を交わす。二人は「かれらがおくびにも出さないお互いへの気持ち以外のことについては、おそろしく歯切れ良い」のであり、この後もかれらの関係は常にこうした真剣な会話を通して展開していく（"Introduction" xliii）。

さらに象徴的なことに、二人が恋に落ちる決定的な瞬間、かれらの頭と身体は文字通り分断されている。右の場面では、馬車の手綱をもったティージェンスの首の高さで、銀色の霧が四方に漂っている（*SDN* 157）。身軽なヴァレンタインが辺りの様子を確かめるために濃霧のなかに飛び込み、ティージェンスは彼女の身を案ずる。その後、彼女の頭だけが霧の下から再び現れると、その美しく紅潮した頬と輝く瞳を見て、彼は思わずキスしそうになる。「何が起こったのか、わからなかった。［……］それはまるで、普段はこそこそと通り過ぎる彼を見逃してくれる運命が、一瞬こちらに目を向けたかのようだった」（*SDN* 172）。（このときヴァレンタインがまったく同じ衝動を感じていたことは、後に彼女がこの場面を回想することでわかる（*SDN* 332）。）

一方で二人の間では、性的交渉の可能性はあたかも余剰、あるいは必要悪であるかのように扱われる。*A Man Can Stand Up –* では、「若い女性と寝るのは、話を最後までするためだ。それをするには、一緒に住まねばなるまい。寝ることなしに一緒に住むわけにはいかないが、そちらはついでと言うものだ」というティージェンスの心のつぶやきに、ヴァレンタインもひそかに「[……] 私たちは話がしたいのだ。一緒に住まなければ、話はできない」と共鳴する(165, 191)。ソーンダーズが言うように、彼らが望むのは「正しき心どうしの結びつき」であり、ヴァレンタインが「彼の心の両腕が伸びて自分を抱き寄せるのを想像」すれば、ティージェンスは、彼女が「彼の話しぶりを聞いてしまったからには、他の男の話に親しく交わりたいとはもはや思うまい！」と自負する（*A Dual Life* 215; *SDN* 306; *AMCSU* 172)。（これは、性的な関係を言外に意味する「親しく(intimately)」という語が示唆するように、「もう他の男では満足できまい」といった紋切り型の下世話な表現の——おそらくは意図的ではない——もじりでもある（*SDN* 306)）。

Some Do Not. . . では、不器用で体裁をとりつくろう術も動機も持たない二人は、かれらがすでに愛人関係にあると信じ込んでいる世間の好奇と詮索のまなざしに耐えるが、ティージェンスはシルヴィアと男たちによる執拗な妨害工作により、社会的な地位を次第に失う。これと同時に、かれらは周囲の人間たちの道徳観の欠如や、戦争がもたらす死の恐怖にさらされて、性をめぐる歪んだ思考に追い立てられていく。「男と女が永遠に美しい想い合いという段階に留まることはあり得ないのだろうか」と自問するヴァレンタインだが、ふだんは優しげで上品な友エセルが婚外子を妊娠して取り乱し、その父親に対する口ぎたない罵り言葉を吐くのを目の当たりにして、「大きな性的ショックを被」り、「も

う決して前と同じではいられない」と感じる（*SDN* 282）。彼女はさらに、エセルを妊娠させたのがティージェンスであるという嘘をシルヴィアに吹き込まれ、彼への不信をつのらせる。そのとき彼女の思考を侵食するのは、女中時代に覚えたであろう性に関する語彙であり、それはそうしたことがらについて無知な彼女の心中に、実態を伴わない、恐ろしい男性像を形作っていく。「でももし、彼が本当に『女郎買い』だったとしたら！　自分はどこでそんな言葉を覚えたのだろうと彼女は思った」（*SDN* 330）。エセルの件について彼を問いただそうと決意したヴァレンタインは、ふと普段の誇り高い人柄に似合わぬ思いに駆られる（*SDN* 281）。

彼がもし「そうとも！　僕はそんな男だ！」と答えたら、彼女はこう言うつもりだった。「じゃあ私とも寝て！　他の人たちの相手をするなら、私もいいでしょう？　子供を生みたいの。私だって！」「……」彼女は想像した――いや、感じた――唇から言葉が消えゆくのを……理性が遠のくのを想像した。我が身をゆだねるところを……。（*SDN* 333）

ヴァレンタインが性的な抱擁を想像する箇所は、全作品を通してここ以外にはない（対して、シルヴィアは大いにそうした妄想にふける）。皮肉にもティージェンスの男性性への不信がもたらすおぼろげな欲望が想像のなかで成就する瞬間、「言葉が消えゆく」ことは、それが実質的に彼女の想像の外側にあることを示しているだろう。これと同様、ティージェンスがヴァレンタインとの愛の場面を思い描こうとする際の、「彼は彼女の金色の髪と、恍惚とした顔を思い浮かべた。恍惚とした彼女はどんな顔をするのだろうと彼は考えた」という自己矛盾的な一節が示唆するように、彼にとってもそうした抱擁は表現可能な領域の外にある（*SDN* 264）。

三　嗜虐性と男性性

ティージェンスがいわばマッチョな性的衝動に駆り立てられ、またヴァレンタインが男性性に内在する嗜虐性への恐怖を抱く過程には、二人よりもはるかに性愛のゲームに長けたシルヴィアが直接的あるいは間接的に関与しており、このことは三人が用いる（あるいは三人に関して三人称の語り手が用いる）言葉遣いやイメージを通して示される。*A Man Can Stand Up* – において、戦地で自分の感情を振り返り、書き留める作業を試みたティージェンスは、まだ好意を伝えたことすらないヴァレンタインに対して、出征前夜にとつぜん婚外交渉を申し入れるよう彼を駆り立てたのが、他ならぬシルヴィアであったことに思い至る——「サディズムが相手にもたらす心理的効果だったのだ。それが、この件についての唯一の科学的な見方だ」（77）。そして、その日の朝、彼を言葉で容赦なく傷つけ追い詰めたシルヴィアのことを「まるで、むごいほど痛む場所に鞭をふるい続ける人間のようだった」と回想する（77）。これに呼応するように、*No More Parades* で戦場に夫を訪ねたシルヴィアは、毒を食らって苦しむ飼い犬の白いブルドッグ——それはティージェンスを思わせる、「巨大な、物言わぬ獣」であった——を激しく鞭で打って死なせた夜のことを思い出す（154）。フォードの草稿では、シルヴィアの内的独白の次の部分が削られている。「あの哀れな獣が私に歯向かって、太ももをズタズタに噛みちぎっていたら、もっと楽しかったのに。［……］でも、私がそれを激しく鞭打てば、クリストファーが……私を抱くかもしれないと思っていた」（"Textual Notes" 262）。

穏やかで高潔なティージェンス自身もまた、この嗜虐性と無縁ではない。出会ったばかりのヴァレンタインと生い茂った草原のなか、狭い道を前後になって歩く間、彼は草花や鳥を愛で、高揚した気分で「これぞ英国！」と心中で叫びながら、なぜか急に、手に持ったステッキで路傍の花々をなぎ倒し始める（*SDN* 131）。

ティージェンスは立ち止まってハシバミのステッキを振り上げると、背の高く先の尖った一本の黄色モウズイカに狙いを定め、その覚束ない、粉に覆われた毛深い葉と、覚束ない、ボタンのような蕾がまだ咲きかけのレモン色の花々に、猛烈な一撃をくらわせた。草はたおやかに倒れた、まるで張りぼてのペチコートを着て殺された女のように！「これで俺は人殺しだ！」とティージェンスは思った。「血じゃあない！　無実の草の生命をはらむ体液だ……しかも！この国には、たかだか一時間前に知り合った男に犯されてもいいという女ばかりと来ている！」彼はモウズイカをもう二本と、ノゲシを一本あやめた。（*SDN* 133）

前後の文脈に照らすと、ここでの彼の心中には、ふてぶてしく不貞を働くシルヴィアや、そうした不道徳な女たち一般への恨みと、他方、潔白でありながら、その無邪気で無防備なふるまいから、自分の愛人であるという噂を引き起こしてしまうヴァレンタインへの苛立ちがないまぜになっていることがわかる。しかし同時に、この引用場面が喚起する陰惨なイメージは、「[男たちが]戦争に行くのは、数しれぬ女たちを犯すため……戦争はそのためにある」というシルヴィアの偏執的な感覚や、戦争を憎むヴァレンタインの「男らしい男はみんな欲望に満ちた悪魔で、戦場を大股で歩きながら、狂ったサディズムに駆られて傷ついた者たちを突き刺して回ることを何より望んでいる」という妄想にも通底している（*NMP* 131, *SDN* 284）。

ティージェンスが「陰気な考えだ。俺はヒステリックになっているな」と自省しながらも、優しい人柄に似合わぬこうした残忍で性的な妄想にふけるのが、ヴァレンタインの「魅力的な背中」を眺めながらであることは、おそらく偶然ではない（*SDN* 134, 133, 135）。*No More Parades* には、駐屯地ルーアンに予告もなく押しかけてきたシルヴィアのホテルの寝室で、ティージェンスが妻の背中に抗いがたい誘惑を感じる場面がある。以下は、彼がそれを後日回想するくだりである。

> [……]ティージェンスは不意にシルヴィアのことを思い出した。見えないほどに薄い布をまとった、長くつややかなその両腕を……。彼女は化粧台の両脇に一つずつある電球に煌々と照らされて、輝かしい腋窩に白粉のパフをはたいていた。鏡のなかで彼を見つめながら、唇の両端がわずかに動いていた。口角を少し上げて……。彼は思った。俺は、あの人目のない素敵な場所に行くのだ。やって何がいけない？（*NMP* 220）

後ろから二文目は、直前の場面で言及される、一七世紀の形而上詩人アンドルー・マーヴェルの詩「はにかむ恋人へ（To His Coy Mistress）」の「墓場は人目のない素敵な場所だが、／そこで抱き合う人間はいないようだ」という一節の引用である。有名なこの詩の内容は、語り手の男性が彼を拒む女性に対して、人生は短く死はすぐにやって来るのだからと説得を試みるというものだ。つまり戦地で死の際に立つティージェンスは、ヴァレンタインへの操を守ることをあきらめ、妻の誘惑を受け入れることを検討しているのである。[3] おもしろいことに、フォードの書き込み修正入りの草稿を見ると、右の引用部の「やって何がいけない？（Why not have?）」の部分が、修正前は単に「何がいけない？（Why not?）」となっていたことがわかる（*NMP* 270）。挿入された have の目的語は her であると考えるのが自然だが（実際、先に引用したシルヴィアの内的独白では、ティージェンスが「私を抱く（have me）かもしれない」という表現が使われていた）、あえて her の一語を割愛することで、想定されている妻との行為において、彼女の人格を軽視するような、より自己中心的な男側の欲求のあり方が暗に強調されているだろう。先のヴァレンタインとの場面とあわせて考えれば、女性の背中がティージェンスにとって性的なスイッチになっており、そのときに喚起される感情は、いたわりや優しさとは無縁な類のものだということがわかる。

さらに、この場面は草稿の時点では、*Some Do Not. . .* の終わりに位置していた。舞台はフランスではなく、ティージェンスの一度目の出征前夜の夫妻のロンドンの自宅であり、夫がヴァレンタインと寝てきたと想定したシルヴィアが、その勢いで自分にも食指を動かすだろうと踏んで、彼を誘惑しようとするという設定になっていた。このロンドンからフランスへの場面移動の理由は、一つには、死への欲求と性的衝動との関連をことさら強調するためだったと考えられる。というのも、彼はヴァレンタインとシルヴィアをそれぞれ生と死に結びつけ、「もし何かを殺してほしければ、シルヴィア・ティージェンスのところに行けば、必ず殺してくれる。［……］何かを生かしておきたければ、ヴァレンタインに頼むといい。どうにか助けてくれるだろう……」と述べているからだ（*SDN* 160）。加えて、シルヴィア自身が、ヴァレンタインを「わたし、シルヴィア・ティージェンスの田舎くさいミニチュア」と呼んでいることからもわかるように、ヴァレンタインとシルヴィアの外見には、背丈や服装の違いから全体の印象は大きく異なるものの、金髪で身体が細く筋肉質であるなどの共通点もある（*SDN* 200）。二人の女性のイメージの重複は、ティージェンスのなかで生と死への衝動がせめぎ合っており、彼の性的欲望は後者によって呼び覚まされることを表すだろう。

シルヴィアはティージェンスとの結婚前夜、以前に関係をもっていた既婚のドレイクという男（ティージェンスが一時、自分の子の父親であると疑った相手である）にホテルの部屋で乱暴される。(4)この出来事は、シルヴィアの脳裏に何度もフラッシュバックする（*SDN* 186）。

その惨めな記憶は、亡霊のように、いつでも、どこにいても、急に還ってきた。［……］薄いナイトガウンが肩から剥ぎとられるのを感じた。しかし何より、どの部屋にいようとも、そこの光を必ず押しやってしまう暗闇のなかで、そのとき感じた心的苦痛に浸《ひた》されるように思えた――自分を引き裂いた獣への切ない欲望に、すさまじい心の痛みに。［……］彼女は、何にせよ、焦がれていた、しかし焦がれているのは、あの恐ろしい気持ちをもう一度味わうことだった。そして、望む相手はドレイクではなかった。（*SDN* 186）

ここで「自分を引き裂いた獣」の暴力的なイメージが、シルヴィアがかつて残酷に鞭打ち、先に触れた草稿の削除場面では「太ももをズタズタに」されたいと望んだブルドッグのイメージを通じて、彼女がいま本当に「望む相手」であるティージェンスと重なることはいうまでもない。このエピソードは、しばしば戯画的なほどに極端な悪女とされるシルヴィアが性被害者でもあることを明らかにし、彼女の人物造型をより複雑にする。非情なファム・ファタールの仮面の下には、両親の冷え切った関係を見て育ち（母親のサタースウェイト夫人は、自身の過去の不貞行為に言及している）、男性と慈しみあうことを知らず、性と愛を区別できないままの娘の顔があるのかもしれない（ティージェンスが最終的に妻の自身への仕打ちを赦すのも、このことを暗に理解しているからだと解釈できる）。さらに、シルヴィアの被虐的欲望に共鳴するかのように、*A Man Can Stand Up* – で「［ティージェンスの］男らしさ……彼の……彼の恐ろしさ！」に思いをめぐらせるヴァレンタインは、ティージェンスのロンドン宅の玄関先で彼に数年ぶりに再会し、しばしのあいだ留守番を任されると、「怖い。空っぽの家で狂人を待っているなんて。［……］まるでファティマ(5)のようだ。空き部屋のドアを押し開ける。あの人が戻ってきて私を殺すかもしれない。色狂いから殺人に至ることは珍しくないのだから……」とひとり被害妄想的な考えにふける（28, 186）。

四　感情の解放がもたらす希望

男女の間で起こる嗜虐的な性のイメージの循環に終止符を打ち、より穏やかな愛のそれに変えていくための鍵は、ことにティージェンスにおいては、そうした歪んだ衝動を引き起こす抑圧をとりのぞき、感情を自由に表出させることにある。*Some Do Not. . .* での彼は、北国ヨークシャーの貴族としての矜持もあり、口数と男らしさは反比例すると考えている。「というのも、クリストファー・ティージェンスの感情的存在の基礎をなすのは完全なる寡黙さだった――少なくとも彼の感情に関していえば。ティージェンスの世界観には、『語る』ということはなかった。ともすれば、自分の感情について考えるということすらなかった」(*SDN* 8)。このため、シルヴィアの厚顔無恥なふるまいや、愛息の父親が自分ではないかもしれないという不安に悩みながらも、ポーカーフェイスを貫いてきたティージェンスだが、ヴァレンタインと出会った日から、油をさした機械が動き出すように、変化が起こり始める。「わかっていた、意識のなかで思考をあまりに抑圧したので、無意識の自分が指揮を執り、一時的に、彼の身も心も麻痺させたのだと」という気づきのあと、ヴァレンタインと旅して一昼夜を過ごすティージェンスは、自らに課したルールを破る喜びを感じるようになる(*SDN* 101)。馬車での道中、彼は霧のなかに飛び込んだヴァレンタインの身を案ずるが、それを言葉にするのをためらう。「『大丈夫かい?』と聞きたかったが、すでに『気をつけて』と口にしてしまった以上、さらなる心配を示しては、「無口」な男の立つ瀬がない。[……] それが習わしなのだ。だから『怪我してないといいけれど』と声をかけなかった、本当はそうしたかったのに」(*SDN* 157)。しかし、馬車の上で語り合ううち、「本当に楽しい！」と高揚した気持ちを素直に口にしたヴァレンタインに対して、「愚かな若い娘の言うようなことだ……本人のためにも正してやらなくては」と考えるが、実際に口をついて出てくる言葉は、「確かに楽しいな！」という返答である（*SDN* 165）。

ティージェンスが再び戦線に戻る直前、彼はマクマスターの催す華やかなパーティーの会場の隅でヴァレンタインと最後の語らいをしながら「［戦時中には］人は頭か体のどちらかしか役立てられないものだ。僕はたぶん、体よりも頭が動く男なんだろうが、軍事に頭を使うことは良心が許さないんだ」と告白する（*SDN* 288）。彼の身を案じる彼女は、「どうせ、あなたの大きな図体なら、ちびで虚弱な人たち二人分の身代わりに、二発の弾丸を受け止められるとでもいうのでしょう！」と彼をなじる（*SDN* 289）。しかし、実際の戦場でドイツ軍の急襲により塹壕に埋もれた少年兵士を泥から引き上げ、肩にかつぎ上げたティージェンスは、「なんとありがたいことだ、この馬鹿力があるのは」と生まれて初めて自らの身体の力強さに感謝する（*AMCSU* 176）。ヴァレンタインは、兵士としてのティージェンスがその力を人を殺傷することに使わない代わり、他者を救って死ぬことを恐れていたわけだが、彼はまさにそうした状況で死を免れることによって、ある意味で生まれ変わることになる。

この作品の終盤では、ティージェンス宅に兵士仲間が集まって終戦をなごやかに祝い、歌にあわせて二人が踊る。「ティージェンスは腰のところから両手を伸ばしていた。彼女には意味がわからなかった。彼の右手が彼女の背中に回され、左手が彼女の右手を握った。彼女は怯え、驚いていた。こんなことって！　彼の身体がゆっくりと揺れていた。このゾウが！　彼らは踊っていた！」（*AMCSU* 217）ついに「心の両腕」ではなく、本物の両腕で抱擁を果たした二人は、この夜、シルヴィアに家具を持ち出され、がらんどうになった部屋で愛し合うであろうことが暗示される。そして小説は、「ゾウに乗って。いとしい、穀物袋のゾウに。さあ出発だ……」というヴァレンタインの心の声で終わっている（*AMCSU* 218）。*Some Do Not. . .* のタイトルでの省略が抑圧や黙殺を示していたとしたら、この第三作の末尾の省略には、この先二人を待っている愛に満ちた未来の可能性が詰まっているように感じられる。

五　芸術家と「まっとうな男」

よく知られていることだが、作者フォード自身も、生涯女性トラブルが絶えなかった。なかでも彼が二一歳で結婚し、彼との離婚を拒否し続けた妻エルシー・マーティンデイル、彼がエルシーを捨てて同棲した作家のヴァイオレット・ハント、そしてハントと別れて共に一女をもうけた二〇歳年下のオーストラリア人画家ステラ・ボウエンは、それぞれデュシュマン夫人、シルヴィア、ヴァレンタインのモデルであると言われる。これらの女性たちの間でフォードがかなりの修羅場を見たことは、ソーンダーズやアーサー・マイズナーによる伝記からも明らかである。しかし、ウィゼンファースの *Ford Madox Ford and the Regiment of Women* (2005) が示すように、特にハント以降の恋人たちは、フォードにとってともに芸術を追求する同志でもあった。ステラ・ボウエンとフォードの書簡のやり取りからは、真摯に愛し合いながら、互いの創作活動を支援し、その成果を喜ぶ芸術家カップルの姿が浮かび上がってくる。しかし、二人の情熱は、フォードが新たな恋の相手（若く貧しい頃のジーン・リースもその一人だった）に目を向けることで急速に勢いを失い、手紙の話題も金銭的不安や子どもの養育といった現実的な問題が中心となっていく。しばしば病的なほら吹きとして作家仲間にも敬遠されたフォードだが、愛する女性との強い精神的な結びつきを求め、それに感謝する言葉には嘘はないだろう。男性として、作家として、自分が「まっとうな男（proper man）」ではないのではないかという意識に常にさいなまれていた彼にとって、燃え上がる恋が与えてくれる、一時的ながら圧倒的な多幸感もまた、生きるのに必要不可欠だったのだろうと想像できる。

それならば、『パレードの終わり』で描かれる第三の戦争は、フォード自身と彼のネガティブな自己像との戦いだといえるだろう。馬車の場面でティージェンスは、辺りを包む霧の色を印象主義的に描写することを試みる。

> 実際、この霧は銀色ではなかった、または、もはや銀色ではなかったというべきか。芸術家の目で見れば……。［……］それは紫、赤、またはオレンジの筋で汚れていた。繊細な光の反射。上空で雪のような漂流物となり、深青色の影を落としている……。正確な目。正確な観察。それは男の仕事だ。男の唯一の仕事。ならば、なぜ芸術家は軟弱で、女々しくて、男ではないとみなされるのか。（*SDN* 159）

フォードの作品においてこうした感覚は、文学的描写にとどまらず、感情について語り聞くという行為全般にも及び、常に男性人物によって口にされる。マクマスターは、人には言えない家庭の秘密を自分に語ったティージェンスに対し、「そういう打ち明け話というのは、男は対等な人間にではなく、弁護士や医者、あるいは聖職者といった、男とは言い切れない相手にだけするものだ」とひそかに憤る（*SDN* 21）。また *The Good Soldier*（1915）においては、語り手ジョン・ダウアルが、自分の過去の女性遍歴と養女を愛してしまった苦しみを吐露した友人エドワード・アシュバーナムについて、「やつも誰かに話す必要を感じたのであって、私は女か弁護士にでも見えたのだろう」と苦々しげに語る（165）。

繊細な感性と男らしさに関するティージェンスの思いは、そのままフォードの心の表出でもあるだろう。ソーンダーズは、フォードはこの作品の執筆とティージェンスの人物造型を通じて、「女々しさ（effeminacy）」をめぐる不安な気持ちを払拭できたと分析している（*A Dual Life*, 279）。過酷な戦場で一時的な心の麻痺に陥ったあと、自らの感情の存在をふたたび認め、これに正直であること、さらにそれを十全に表現しつくすことが、むしろ作家としてのフォードの強さとなったように、ティージェンスもまた男性性の固定観念から脱却し、自らの細やかな感受性を認めることで、ようやくヴァレンタインとの愛を成就させるための自信を獲得するのだといえよう。

おわりに　*Last Post* について

最後に、*Last Post* に触れておきたい。この最終巻について、フォードは出版社に「この本は気に入らないし、これまでも気に入っていた試しはなく、*A Man Could Stand Up* でシリーズを終えるつもりだった」と書き送っている（ただし、いかにもフォードらしく、別のところではその真逆のことも言っている）（*A Dual Life*, 254）。またグレアム・グリーンは、自分が編集したボドリー・ヘッド版のフォード集に本シリーズを収める際、この作品を削って三部作としてしまっている。この小説では、サセックス州の田舎を舞台に、クリストファーの兄マーク・ティージェンスが終戦の日に「［彼が勤めた］省にも、政府にも、国にも……世界にも」愛想を尽かし、以来一度も口を利かないまま、屋外に設置された小屋のベッドで寝たきりになっている（*LP*, 135）。その彼が主な視点人物となり、彼の妻マリー・レオニー、クリストファーとヴァレンタインと共に送る静かな暮らしが、シルヴィアとその息子マーク・ジュニア、そしてグロウビー邸の借り主となったアメリカ人女性の訪問によって脅かされる様子が描かれる。マークはかつて裕福にして有能な官僚であったが、長男として家を継ぐ気はなく、*Some Do Not. . .* において次の相続人であるクリストファーに、シルヴィアと別れ、ヴァレンタインとグロウビーで暮らすよう説得を試みていた。しかし、自分が女性にたかりながら堕落した生活を送っているという悪意ある噂を信じ、これを二人の父親に伝えた（父親はその後間もなく、自殺を思わせる状況で亡くなっている）兄を許せない弟は、これを固辞した。そして現在、妊娠中のヴァレンタインとクリストファーは、兄の金銭的援助を一切受けず、（ちょうどフォードとボウエンがそうだったように）ぎりぎりの生活を送り、身重の彼女は将来の不安に苛まれている。クリストファーの留守中、シルヴィアがヴァレンタインを訪ねて来るが、彼女が妊娠していることを知って、ついに二人への嫌がらせをやめると宣言し、帰って行く。小説の末尾では、小さなミスから儲けの機会を逃してしまったクリストファーをなじるヴァレンタインの姿に心を痛めたマークが、意を決して口を開き、クリストファーも見守るなか、彼女の耳元に口を近づけ、夫にひどい言葉を投げつけてはいけないという言葉と共に息を引き取る。

主人公の恋人たちが恋愛と戦争の両方に内在する残忍さや暴力性に脅かされつつも、平和の訪れとともに結ばれるまでを描いた先の三作とは対照的に、この最終巻は戦後の英国社会を背景に、家族と思いやり、そして煩瑣な日常にあらがって育まれる夫婦の愛をテーマにしているといえよう。恋人から家族となったティージェンスとヴァレンタインは、愛と性に悩む段階から先に進まねばならなかったのであり、二人の関係がその文脈において十全に描かれないことが、作者も読者もこの本に対して不満を抱く一因かもしれない。しかし、ソーンダーズが言うように、フォードの世界（虚構と現実の両方）において、「人は自己についての知に安住することはできず、むしろ反対に、自己のふるまいや変化に常に驚かされることになる」のであり、恋人どうしにとって心の抱擁となるべき会話も、生活のなかでは粗雑な意思伝達のツールに堕してしまう危険性があるということこそ、マークが最後の力を振り絞って教えようとしたことではないだろうか（*A Dual Life* 218）。「私は義兄さんの最後の言葉を［……］必要としていたのだ」というヴァレンタインの涙ながらの告白は、愛し合う二人の絆とは常に変化し、自らを驚かせながらも、深まっていくはずだというフォード自身の切望――それがかなえられたかどうかはわからないが――を反映しているだろう（*LP* 204）。

◉註

（１）以下、本文中で引用箇所を示す際にはそれぞれ *SDN*, *NMP*, *AMCSU*, *LP* と短縮して表記する。

（２）以下、英文の和訳はすべて筆者。

（３）ちなみにこの色仕掛けは、シルヴィアの昔の愛人がティージェンスと鉢合わせることで未遂に終わる。

（４）ティージェンスがこの事件のことを知っていることを示す記述はどこにもない。しかし彼はたびたびの不貞や悪行を働いたシルヴィアを許す理由として「君は野蛮な男に落胆させられた。僕は常々思っている、一人の男に落胆させられた女は、子どものためにも、男を落胆させる権利があると」と述べている（*SDN* 215）。「子どものためにも」の一言は、この「落胆させる（let down）」の内容が「妊娠させる」という意味を言外に含んでいることを示唆する。ただし、シルヴィアの息子は懐妊の時期から考えてドレイクの子ではありえず、よってティージェンスの子であると夫婦は結論付けている。

（５）青ひげの七番目の妻の名前。

◉引用文献

Burgess, Anthony. “Literature”. William Davis ed. *The Best of Everything*. London: Weidenfeld & Nicholson, 1980. pp.95-101.

Ford, Ford Madox. *The Good Soldier*: A Norton Critical Edition. 2nd ed. Martin Stannard ed. New York: Norton, 2012.

---. *Parade's End Volume I: Some Do Not. . .* Max Saunders ed. Manchester: Carcanet, 2010.

---. *Parade's End Volume II: No More Parades*. Joseph Wisenfarth ed. Manchester: Carcanet, 2011.

---. *Parade's End Volume III: A Man Could Stand Up –* . Sara Haslam ed. Manchester: Carcanet, 2011.

Mizener, Arthur. *The Saddest Story: A Biography of Ford Madox Ford*. New York: Carroll and Graf, 1985.

Saunders, Max. *Ford Madox Ford A Dual Life: Volume II: The After-War World*. Oxford: Oxford UP, 2012.

---. "Introduction." *Parade's End Volume I: Some Do Not. . .* Max Saunders ed. Manchester: Carcanet, 2010. pp. xiv-lxvi.

Skinner, Paul. "Tietjens Walking, Ford Talking." *Ford Madox Ford's* Parade's End: *The First World War, Culture, and Modernity*. Ashley Chantler and Rob Hawkes eds. *International Ford Madox Ford Studies* 15. pp. 129-40.

Stang, Sondra J. and Karen Cochran eds. *The Correspondence of Ford Madox Ford and Stella Bowen*. Bloomington: Indiana UP, 1993.

Wisenfarth, Joseph. "A Note on the Text of *No More Parades*." *Parade's End Volume II: No More Parades*. Joseph Wisenfarth ed. Manchester: Carcanet, 2011. pp. xliv-lix.

---. *Ford Madox Ford and the Regiment of Women: Violet Hunt, Jean Rhys, Stella Bowen, Janice Biala*. Madison: Wisconsin UP, 2005.

---. "Textual Notes." *Parade's End Volume II: No More Parades*. pp.249-79.

第八章　ラストベルトの生——炭鉱と男性性の幻想

越智 博美

はじめに

二〇一六年、ドナルド・トランプの大統領選挙の勝利とともにアパラチアが再度注目を浴びた。彼のキャッチフレーズ、「メイク・アメリカ・グレイト・アゲイン（Make America Great Again）」とともに、それに熱狂し、トランプ候補の排外主義を支持する白人支持者――ラストベルトやアパラチアの「忘れられたアメリカ人」[1]――は、強烈な印象を残した。たとえば、自分たち白人が、移民労働者のために割を食っているという感慨は、リン・ノッテージの戯曲『スウェット』（二〇一五）にも明瞭だ。その劇においては、かつて石炭の輸送で栄えたものの不況にあえぐペンシルヴァニアの町を舞台に、移民労働者の雇用が引き起こす敵意によって労働者は分断される。トランプ当選の翌年、ヴァージニア州シャーロッツヴィルで、南北戦争における南軍の英雄リー将軍の銅像撤去をめぐり、白人の排外主義者がデモ行進を行なうに至り、こうしたトランプ支持者と思われる白人には、さらに排外主義のイメージが色濃くなった。その際、写真に捉えられていた参加者の多くが、男性であったことは多くの人の記憶に残っているだろう。

このラストベルトの人口の一定程度を占めるのが、アパラチア地域の元炭鉱地帯から移住してきた人々である。『ヒルビリー・エレジー』（二〇一六）は、こうした白人コミュニティの貧しさ、また彼らの独特の文化について、そこで育った著者Ｊ・Ｄ・ヴァンスが、一九世紀に遡る有名な当地のお家騒動に縁のある家族出身（“Vance Talk with Anna Maria Tremonti on CBC radio,” September 14, 2016 full episode transcript）であることを理由に、正統な語り手として自らを位置づけた自伝的な書物である。このベストセラー本が、ラストベルトとアパラチアを理解するための定番になったこともまた記憶に新しい。「階級と家族がいかに貧しい人に影響するのか」（Vance, *Hillbilly* 7-8）を理解させたいとするヴァンスの語りは、アパラチアの山の住人ヒルビリーが、ドラッグ、ドメスティック・ヴァイオレンス（ＤＶ）、長期の失業といった問題を抱えているのは、そもそも勤勉に働くことができない習慣を、階級と家族によって身につけてしまっているからだということをあまたのエピソードから印象づける。

こうした苦境にあえぐ人々が白人として表象され、また、シャーロッツヴィルに顕著なように男性が前面に出てくるのは何故だろうか。本章では、脱工業化、新自由主義化、グローバル化が起こったとき、アパラチア、あるいはラストベルトと呼ばれる地域において、ことに男性がいかなる影響を被り、ともすれば排外主義を身にまとい、ドラッグに溺れ、暴力的であるとされるのかを考えてみたい。そのためにまず『ヒルビリー・エレジー』のステレオタイプが脱産業化と新自由主義に結びついていることを確認したのちに、タウニ・オデールの小説『コール・ラン』（二〇〇四）について考えてみたい。みずからの罪深い過去との和解という極めて個人的な、ややもすればセンチメンタルな物語を描きながらも、その和解すべき人生が実のところ脱工業化の過程と切り離せないところで展開していること、またそうした歴史化が持ちうる可能性を、主人公の男性性を軸に考えてみたい。

一　忘れられた土地、忘れられた人
――ヒルビリーのエレジーは文化なのか？

アパラチアは、ニューヨーク州からミシシッピ州に広がる広大な山脈を指すが、特に典型とされる地域は、二〇世紀には炭鉱地帯と重ねられ、またそれはヒルビリーと称される人々がいる土地とおおかた重なっている。アンソニー・ハーキンズはヒルビリーの土地を、テネシー、ケンタッキー、ウェスト・ヴァージニア、ヴァージニアとしているが、これは炭鉱地域でもある（Harikins 5）。

この地域は、これまでもしばしば国家的危機において、内なる他者としてスポットライトを浴びてきた。一九三〇年代の大恐慌の時代にはTVAによって地域起こしされるべき土地、炭鉱労働者によるストライキの争乱の土地として。また一九六〇年代には、リンドン・ジョンソン大統領の「貧困との闘い」の主戦場として。ジョンソンを支えたのはいくつかのルポルタージュである。アパラチアを含めた全米の見えない貧困を告発すべく、マイケル・ハリントンが一九六二年に出した『もう一つのアメリカ』（*The Other America: Poverty in the United States*）のほかに、アパラチアの貧困に特化したハリー・コーディルの『カンバーランドに夜が来る』（*Night Comes to Cumberlands: A Biography of a Depressed Area*）（一九六三）等が、アパラチアを貧困の地としてあらためて語ることになる。また、CBSのドキュメンタリー「アパラチアのクリスマス」（一九六四）などがお茶の間に流通した。

これらのルポルタージュやドキュメンタリーにおいて、アパラチアは「もうひとつの」「見えない」（Harrington 1）貧困の場、例外的な場所であり、その住民ヒルビリーは例外的な、別の言い方をすれば他者として表象される。ハーキンズによれば、その基本イメージは、「近代文明から完全に切り離された神話的白人」である。それが肯定的イメージを伴う場合、古き良きアメリカ人、すなわちパイオニア精神、個人主義、親族の絆、自然に近い、伝統的な信仰心を持つ人々となる。他方、否定的なら、社会・経済的に遅れ、原始的で野蛮、性的に無規律で近親婚が多く、ＤＶなど暴力を振るい、宗教原理主義に傾く人々として表象され、どちらになるかは文脈に応じて変化する（Harkins 4-5）。いずれにしても、アパラチアのヒルビリーは都市化と産業化が進む二〇世紀社会において、そこから取り残された白人の他者として想像される。貧困層として捉えた場合には、彼らは限りなくアフリカ系アメリカ人に近接した他者表象を与えられ、アメリカの人種のアイデンティティとヒエラルキーに関わる問題にもなる（Harkins 4）。

ヒルビリー男性が肯定的に捉えられると、しばしば頑丈な男性性として表象される。ジョン・グリシャムの『ザ・ファーム』（一九九一）の主人公ミッチェル・マックディーアは、ケンタッキーの炭鉱で働く父（炭鉱事故で死亡）を持ち、野心に満ちている。ハーヴァードのロースクールに進学し、ハングリーに階級上昇を果たした（Grisham 1）。あるいはエルモア・レナードの犯罪小説『プロント』の主人公、元海兵隊員の連邦保安官レイラン・ギヴンズは、カウボーイハットをかぶり、ケンタッキー州ハーラン郡の炭鉱ストライキを生き抜いたタフさを自慢にしている（Lenard 121-22）。

『ヒルビリー・エレジー』のヴァンス自身、この類型に当てはまる。親族は炭鉱で働いており、母はドラッグから脱けられず、その他周囲には悪しきステレオタイプに当てはまる人ばかりだが、海兵隊で規律を身につけ、イェールのロースクールに進んで現在は西海岸で成功を収めている。しかしヴァンスの周囲のステレオタイプな白人たちについてはどうだろう。この地域の人種、民族の多様性を捨象してアパラチアの住民を白人として表象することをはじめとした、ステレオタイプな表象については、一九七〇年代以降、批判的な研究の蓄積がある。それにもかかわらずヴァンスが古典的とも言える類型を持ち出したことに対しては、エリザベス・カッテ、あるいはハーキンズとエリザベス・マッカレルらが反論の書を出してもいる。

だが、ヴァンスの問題は、そうしたステレオタイプを個人の人格に帰している点である。彼は、ハーキンズが列挙したようなヒルビリーの性質を「文化的伝統」（Vance 3）であると主張する。白人ワーキングクラスで成り立つその社会では、貧困は一族の伝統で、彼らはヒルビリー、レッドネック、あるいはホワイト・トラッシュと呼ばれてきた（3）。社会的流動性が低く、民主党から共和党に乗り換え、移民やアフリカ系アメリカ人よりも悲観的であるというその文化は、その住民に一枚岩のように共通している（4）。しばしばそれは職に就けないこと、つまり経済的な要素が原因だとされるが、自分の経験からしてそれは文化の問題であり、多くの若者が真剣に働くことができず、しかもそれを他人のせいにする（7）。メリトクラシーには無縁である（199）。こうした傾向は、近代以降のアメリカにおける大半の経済的な状況と「違う」（7）のだと断じるとき、ヴァンスは、ヒルビリー文化を内なる他者の文化として位置づけている。

だとすれば、出世したヴァンスはどうだったのか。彼は海兵隊に入って初めて規律や努力を学び、最終的には努力する個人としてアメリカン・ドリーム、あるいはメリトクラシーにアクセスする能力を得てヒルビリー生活から脱出した。この時点でヴァンスは新自由主義が称揚する個人主義、自己責任論の立場を取る。ヴァンスは、ヒルビリーたちが、たとえば、低所得者向けの食糧支援制度のフードスタンプで手に入れた飲料を現金化する様子を目にすると、彼らを「働かない貧困者」（140）として「不信」の目で見る（139）。最終的に「オバマやブッシュその他顔の見えない企業を責めるのではなく、物事を良くするには自分たちに何ができるかを考えること」（256）が最初の一歩であると述べるとき、彼は、社会的な問題を切り離してしまい、たとえばチャールズ・マリーの『階級「断絶」社会アメリカ』（二〇一二）における貧困文化論をまたもや繰り返すことになる。貧しい人は本人が間違った選択をしてばかりだから貧しいままなのだろうか？

ヴァンスの「文化」的な振る舞いを変えたのは、イェール時代のガールフレンドであった。彼女のおかげで食事のマナー、その他の「社会資本」の価値を知る。社会資本は「人や制度のネットワークのことで、これこそ「真の経済的な価値を持つ。それによって適切な人とコネができ、機会を与えられ、有益情報の分け前にあずかることができる」（214）。しかしそうした社会資本が、彼も認めるように経済的な価値を持つとすれば、それは多分に階級を含めた社会的な問題であって、自己責任とメンタリティの領域に属するものではない。社会資本へのアクセスには経済資本へのアクセスが必要である。ジョーン・C・ウィリアムズによれば、たとえば、専門職のエリートの子たちと違って、ワーキング・クラスの子は、大学の経済的意味をわかっていないし、エリート大学を受験するのに必要なものも知らない（ウィリアムズ　七八―八三）。社会資本へのアクセスの格差はまた、将来の経済的地歩をもたらす道筋の想像の仕方にも影響を与える。「社会的資本はわたしたちを取り巻いている。そこに手が届くなら利用して成功できる。それを使えない人は、大きなハンディつきで人生のレースを走ることになる」(Vance 221)。メリトクラシーは誰にでも開かれているわけではないのであり、そのドアを開くか開かないかはけっしてヴァンスの言う選択の問題に留まらない。一部の人にはその選択そのものが見えないのだから。

二　炭鉱なき社会に──『コール・ラン』おける個人の苦境と男らしさ

炭鉱、あるいは製造業が廃れたとき、ＤＶその他は、しばしば男らしさの問題として意識される。ヴァンスは、アパラチアの男が「男らしさの特有の危機」に苦しんでおり、「文化として教え込まれる性質ゆえに、変化する世の中を渡っていくのが困難になる」(4) とする。だが結婚の失敗、家庭内暴力の蔓延は、産業の衰退による経済的不安定のためというよりはむしろ逆（もともとそのような文化）だというのがヴァンスの立場である (4)。

本節では、ヴァンスの述べるような、仕事も家庭もうまくいかない状況をテーマとしたタウニ・オデールの『コール・ラン』(*Coal Run*) を取り上げる。一九六四年生まれのオデールは、生まれ育ったペンシルヴァニア州西部を舞台に、家庭内暴力が陰を落とす家族を支える少年の物語『バック・ロード』(*Back Roads*, 1999) を皮切りに、炭鉱業衰退後のコミュニティを舞台にした小説を書き続けている。二作目の『コール・ラン』は、寂れた炭鉱町からの脱出を試み、失敗した男性イヴァン・Z (Ivan Zoschenko。父親のルーツとの繋がりでイヴァンと発音させている。) の一人称の語りで、彼がいかに過去と折り合いをつけるかを軸に進む物語だ。

一九六七年、J&P石炭社所有の第九鉱（通称ガーティ）にて発生した大規模な坑内爆発でイヴァンがわずか五歳にして父を失うエピソードで幕を開けるこの物語の時間は、二〇〇一年の三月一〇日、日曜日から始まる一週間である。物語の現在だけをみるなら、八ヵ月前から故郷に戻って保安官補をしているイヴァンが、リース・レイナーという、イヴァンの幼なじみでフットボールのチームメイトが火曜日に保釈される予定であるところから始まる。物語のプロットのひとつはリースの保釈を巡るものである。リースは妻クリスタルを殴って昏睡状態に陥らせたことで投獄され、さらに刑務所内で殺人を犯したために一八年服役した。イヴァンは保釈されたリースの向かうと思われるリースの妹、および双子の弟ジェスのところを尋ねるが、そのたびに家庭内暴力の現場を目の当たりにする。保釈後、リースは身を寄せたジェスの家でおそらく暴力を振るったのであろう。ジェスの妻に射殺される。この筋と並行して、イヴァンの過去が明らかになると同時に、シングルマザーとして三人の父親の違う息子たちを育てるイヴァンの妹ジョリーン、また母の親友でケアハウスを営んでいたゾーの死とその遺品、イヴァンの隣家の息子で、イヴァンの父が死亡した炭鉱事故の直ぐあとでヴェトナムに行き、長いこと故郷に戻らなかったヴァルといった人物の物語が織りなされる。物語の総てが、リース保釈に駆動されるイヴァンの行動と、頻繁なフラッシュバックによって明らかになるイヴァンの記憶とによって、徐々に繋がり、全体像を織り上げる。最終的にはDV事件により、養子に出されたクリスタルの子ども（リースと結婚してから産まれたイヴァンの子）と、昏睡状態のクリスタルの病室で出会い、ヴァルの手紙を読むことで、イヴァンはみずからの過去と折り合いをつけていく。

まず着目すべきは、登場する男たちの多くが、まるで『ヒルビリー・エレジー』を物語にすればかくやというほどに、ヴァンスの言うような男らしさの問題を抱えているということである。DVやアルコール摂取、家庭の機能不全が前景化されており、それが「男らしさ」の問題として描かれている。

たとえば日曜日、イヴァンが発砲事件の通報を受け、リック・ブライストーンと結婚したリースの妹ベサニーの家に駆けつけると、そこにはショットガンを持ったリックがいた。リックは長年にわたって定職を持つベサニーの母が乗った車に銃弾を撃ち込み、ベサニーがしつらえた庭の飾りに放尿している。失業後に呼び戻された炭坑の閉鎖で再度失業することに絶望しているのだ。「J&P COAL」のロゴがみすぼらしく色あせた会社の野球帽を手放せない彼の怒りは、義母が自分をいかに「どうしようもなく最悪の敗者」(21) であるかを触れ回ることに対してだった。ここで注意しておきたいのは、放尿後の彼の性器を「男らしさ (manhood)」という単語で表していることだ。彼のジーンズから露出されたままの「男らしさ」に対して、妻は容赦のない「射るような眼差しを送る (shoot)」(20)。失業男性による八つ当たり行為を行なう道具がファリックなライフルと男性性器であるとすれば、敗者であることを語る義母の言葉、および妻の眼差しはむしろ彼の男らしさをなお一層傷つけるのだ。だが彼を取り押さえるイヴァン自身、アルコール中毒寸前の生活を送っている。

実のところ、イヴァンの人生の「挫折」も彼の男性性、あるいは性的な関係のあり方に直結している。イヴァンはアメリカンフットボールの選手として将来を嘱望されていた。名門ペンシルヴァニア州立大学での活躍を買われてシカゴ・ベアーズと契約を結ぶも、今や廃墟と化したガーティで錆びた機材の下敷きになり膝を損傷したことでキャリアを閉ざし、故郷を離れて無為の生活を送っていた。帰郷のきっかけはリース保釈を知らせる記事が匿名で送られてきたことだった。イヴァンはスター選手時代にはガールフレンドにこと欠かなかった。だが、そのときも、帰郷してからも、女性は身体のパーツとしてしか認識されていない。行きつけの故郷のバーの壁には、女性のピンナップを切り抜いたものがコラージュされて貼り付けられているが、夥しい枚数を重ねた結果、身体全体の像を結ばないパーツの集積に見えていて、そこで飲む客の全員の目に入る。「単なるパーツ。女性全体ではない」(57)。

イヴァンにとってつき合う女性もパーツにしか見えていない。キャリアの中断は、そのために起きたともいえる。大学進学を控えたある日、妹ジョリーンの同級生クリスタルと出会う。イヴァンは彼女の恋心につけ込み、レイプまがいのやり方で彼女との関係を結ぶが、その際も彼女を性器としてしか認識しなかった。後日妊娠を告げられても責任を否定し、そのまま進学してしまう。彼女は急ぎ父親候補を見つけて結婚した。イヴァンが次にクリスタルのことを知ったのは、夫リースの暴力で彼女が昏睡状態になったというニュース映像であり、その背景に映った廃れた炭鉱跡に引き寄せられるように帰郷し、炭鉱機材の下敷きとなりキャリアを中断させてしまう。ギアの「歯」(138) に脚を切り裂かれる「異様な (freak)」(138) 事故は、象徴的な去勢でもあり、彼は自分が「意味のない (insignificant)」(137) 存在になったと感じる。一六年後、リースの保釈情報を得て故郷に戻ったのは、若き日の過ちに決着をつけるためだった。自堕落な保安官補生活のなかで出会った医師チャスティティとの関係においては、当初はパーツとしてしか認識できなかったものの、おそらく初めてまともに何度も会話を交わした後に自分の壊れた膝で可能なかたちでの性的な関係を持つ。この時彼ははじめて女性の身体をひとつの全体、ひとりの人間として理解する。

片足を失った帰還兵となった隣家のヴァルも、定職を持たずに町外れの小屋に寝泊まりしている。戦争で脚を失うヴァルと炭鉱で脚を潰されるイヴァン。そして失業でＤＶに走る男たち。失業や身体の障害が、とくに性的な関係を伴った関係性の不全を伴う物語となることをどう考えればよいのだろうか。

三　産業の歴史を忘れるな――脱産業化小説としての『コール・ラン』

炭鉱業が衰退して、すべてが茶色くさび付いたこの町にあるのは、傷を負った生と性の織りなす物語である。それは個人の物語として提示されるが、そこにつねに漂う、閉鎖されたタイヤ工場の臭気、錆びた炭鉱施設を通奏低音として認識するとき、この「個人」の物語は、そこで自己完結したものとしてのみ読むことはできない。彼らの個人的な生の物語は、その性という極めてプライベートな、ミクロなレベルに至るまで、実のところ社会的な物語でもあるのだ。

Ｊ＆Ｐの第九抗ガーティが閉鎖された後、コール・ランの住民が住んでいるのはセントレスバーグという典型的な「錆びた」町だ（実際さまざまな事物が「錆びた（rust, rusted）」と形容される）。タイヤ工場も、鉱業用機器の会社も閉鎖され、シャッターの降りた倉庫が連なる(29)。男たちは、別の炭坑、缶詰工場、ないしはアスファルトに混ぜるタイヤの細断を行なう工場に雇われているが、雇用の調整弁として、失業を繰り返している。この錆びた町は、新自由主義経済に翻弄されているのである。教育がなく貧しいためにフードスタンプの世話になる結果、「誰も飢えてない。それどころか多くが肥満している」(30)。州立大学の分校があるので事務職、食堂係、校舎管理、グラウンド整備の雇用がある。貧しい町の雇用創出策として最近増加している刑務所産業は（Eason）、この町も例外ではなく、少年鑑別所ができて、建築時には建設の雇用が、その後少数のスタッフの雇用が創出された。しかしこれらはいわゆる専門職ではない。そして建築などの一時的な仕事は雇用・失業を繰り返す男たちをさらに生み出してもおり、町は「剥奪」(31)感に満ちている。そしてそれは「目的の貧困」(31)とも呼ぶべき、「無用・無能（uselessness）」(32)感につながる。これは雇用が安定していた父の世代にはなかった現象だ。

「剥奪」という感覚は、ジャスティン・ゲストによれば、トランプ支持にまわった白人労働者に特徴的な感情である。彼らは「国家の意識の中心から周縁へと降格させられ、「無力感」を抱いている（ゲスト　二五）。そのなかで民族的マイノリティが彼らを犠牲にして有利になっていると信じたとき、むしろ自分たちが差別の被害者であると感じ、みずからも「福祉プログラムに依存しながらも、民族的マイノリティが福祉プログラムを乱用しているとみなし、その範囲を縮小するための行動」をする（ゲスト　二五）。新自由主義下で雇用の調整弁となってしまった人々がみずからセイフティネットを断ち切ってしまうのだ。

それにしても、ラスト・ベルト、あるいは今や「トランパラチア」とさえ言われるアパラチアの白人労働者は、いったいいつから、またどこまで、新たな移民に憎悪の念を向け、そうした動きを主導しているのだろうか？　そう考えたとき、そのように語る言説の問題をも同時に考えなければならないだろう。というのも、ゲストの調査では、むしろそうした政治行動は例外的で、白人労働者階級の政治行動はもっと多様である。民主的な活動をしている者もいれば、そもそも生活に忙しく政治活動をしない人たちもいる（ゲスト 一七）。たとえばドゥワイト・ビリングズによれば、トランプ・ランド化したとされる、ウェストヴァージニアのマクドウェル郡は、民主党の予備選挙では圧倒的にバーニー・サンダーズの皆保険制度を支持していた（Billings 53）。むろん、このサンダーズ支持者が全員トランプに投票したわけではないし、場合によっては棄権してもいるわけだが、いずれにしてもケヴィン・ベイカーがこの地区を批判して、人々が「国境を超えた」別の国の人たちのごとく無知なあまりに、「あり得ない未来を望み、ありもしなかった過去を懐かしみ」（Baker, cited in Billings 50）ながら共和党に寝返ったという理屈だけでは排外主義とトランプ支持は説明がつかない。

失業、男らしさの失墜、DVといった問題がいかにして移民排斥に繋がるのか。たとえば、それをヴェトナム戦争での敗北に求めるのはキャサリン・ベルーだが、それだけではラスト・ベルトの白人男性については説明がつかない。新版の前書きで怒れる白人層がトランプ以前のトランプ基盤だと明言したマイケル・キンメルは、『怒れる白人男性たち』（*Angry White Men*, 2013）において、剥奪感を持つ男性たちがその感情のはけ口となる言説を与えられた結果、不当な扱いを受けたという怒りが文化的に構築されると主張する。その代表的な事例がラジオのパーソナリティのラッシュ・リンボーである。キンメルによれば、リンボーは不安や傷つきやすさといった感情を「怒りへ翻訳する」ことに長け、「彼ら」――政府の官僚によって、「自分たち」白人男性が当然享受すべきものが「彼ら」――「恩恵を受けるに値しないマイノリティ、移民、女、ゲイやそれに類する者」――に与えられてしまうという感情の回路を構築する（Kimmel 32）。そうなると「ジェンダー平等も、人種や民族の平等も、白人男性には喪失と感じられる」（Kimmel 16）。しかし、こうした感情の政治は経済構造や歴史を不可視化しがちである。たとえば共和党の政治家が繰り広げた、オバマの環境政策が「石炭戦争（War on Coal）」であるとして炭鉱労働者の失業問題を環境政策に帰すキャンペーンは、白人労働者の怒りをかき立てることに成功したが、実のところ、オバマの政策がなくても石炭産業が斜陽で失業は避けられないことを見えなくする。『スウェット』も同様である。移民を敵視する言説のなかで自分たちが失業すれば、彼ら移民が自分たち白人労働者を追い出すかのように怒りをかき立てられるが、そのことで見えなくなるのは、企業が従来型の労働組合にもはいっている正規雇用の白人労働者を追い出して、移民をもっと悪条件で雇う事実である。だが、この感情の政治において敵認定される「彼ら」が創出されるほどに分断統治が実現し、白人労働者の苦境を引き起こす産業構造の変化など、構造や制度の問題は忘れ去られてしまう。

A・R・ホックシールドがアメリカの右派と左派のあいだの「共感を隔てる壁」（八）と呼ぶものは、制度や構造的な問題を忘れ去ったままの、翻訳された怒りであるともいえる。右派の白人たちは自分たちが辛抱強く列に並んでいるのに「割り込む」人々――移民、有色人種、女性――がいると考え、そして彼らを敵と認識する。こうした「あたかもそのように感じられる」必ずしも歴史的事実に基づかないが、個人が生きるよすがともなっている、ホックシールド言うところの「ディープストーリー」は、「構造的忘却」（ホックシールド　一八七）によって可能になっている。これは、奇妙にも、この新自由主義の世界を上手に泳いでいる人たちの「つねに訂正可能」な、その意味で「代替可能な現在」と響き合う。この世界のあらたな労働の要請に答えられない元産業労働者たちもまた、あやういプレカリアートとしてのみずからの物語を、構造的忘却を通じて「幻影的な「他者」」へと、その構造の害悪を投影することで訂正・代替し、否認するというやり方で、移民や有色人種をねじ伏せ、弱い女を守るという男らしさを幻影的に回復しているとすれば、彼らもまたフレクシブルに適応しているとも言える。

『コール・ラン』が示唆するのは、そうしたより大きな産業構造の存在である。ここで注意すべきは、この物語が一九六七年の坑内爆発事故から始まるということだ。それは、単なる過去の思い出ではない。むしろ今の状況すべてがその残滓を引きずっている。爆発事故は、炭鉱会社にとって閉山のチャンスでもあった。というのも石炭産業は露天掘りへと移行し、今でもあらたな土地の買収を狙っているからだ。いまや石炭産業は、組合に属さない、少数の人間を雇用して生き延びているのであり、彼らの生活はそのような経済構造に組み込まれているからこそ雇用から排除されるのである。消え失せない産業労働の残滓、あるいは名残は、錆びたままに残る炭鉱や工場の遺物、タイヤ工場の周囲に漂い続ける煙、そして何より坑内爆発が引き起こして、物語の現在二〇〇一年に至るまで地中深くくすぶり続ける炭鉱火災とそれが発する熱と臭気としてそこにある。そのために住民が立ち退かねばならなかったコール・ランの町は、ゴースト・タウン（89）として、存在し続けているのである。

イヴァンの一人称語りが絶え間ないフラッシュバックによって現在と過去との繋がりを示すことで、わたしたちは、ラストベルトの今が過去と繋がり、また石炭産業も衰退しながらも存続していることを思わないではいられない。コール・ランのコミュニティを木っ端みじんにした第九抗の事故――一九六七年三月に起こり、九七名が死亡したが、遺体（の切れ端）収容に長期を要し、イヴァンの父をはじめとする十数名はそのまま地下に埋め置かれた——は、炭鉱コミュニティを知る者なら、身体感覚で理解できる悲劇である。コール・ランが位置するウェスト・ヴァージニア（WV）、ケンタッキー（KY）、ペンシルヴァニア（PA）の「三つの州が接する地域」（O'Dell 21）は炭鉱地帯である。第九抗と言われれば、一九六八年のファーミントン炭鉱事故（WV）の記憶に直結する（Mine Safety and Health Administration）。コンソル第九抗の爆発で九九名が坑内に閉じ込められた。大半の遺体（の断片）は一〇年以上をかけて収容され、収容されずに地下に埋もれたままの遺体も多数あったこの事故は、イヴァンから父を奪い去った事故のおそらくモデルである。また、ガーティの事故から一五年後（一九八二年）、コール・ランでは、炭鉱火災がその地下で続いていたことが、イヴァンも巻き込まれかけた表土の崩落によって明らかになる。植物が枯れ、焦げたような臭気で頭痛と吐き気に悩まされていた住民は、ある朝、地面から蒸気があがり、イヴァンが崩落に巻き込まれそうになったときに、炭鉱事故はけっして終わっていないことを知り、立ち退きを余儀なくされた。これもまた、一九八一年にセントラリア（PA）で明らかになり、町をゴーストタウンへと変容させた炭鉱の地下火災を思わせる。事故は二〇〇〇年代になってからも続く。二〇〇六年のサゴ炭鉱（WV）の爆発事故は日本でも報道されたので記憶している人も多いだろう。二〇一〇年にもアッパー・ビッグ・ブランチ炭鉱（WV）で地下爆発が起こり、三一名が閉じ込められ、二名を除いて死亡した。この事故での検屍過程でさらに明らかになったのは、バークスによれば、それほど労働歴が長くない若年層にまでじん肺問題が広がっているという事実でもあった（Berks）。

コール・ランとその回りで起きていることが示すのは、脱工業化しても石炭産業は幽霊のようにまとわりつく現実であり、けっして消え失せるわけではないし、それどころか、そもそも労働が歴史的にも搾取され続けてきたという事実である。このことは物語においてはイヴァンの父ラド、ヴァル、そしてイヴァンの労働につきまとうものでもある。ラドは、ウクライナ出身である。政変に巻き込まれ、第二次世界大戦中はソ連のグラグ（強制労働収容所）の一つであるウラニウム鉱山で働かされ、戦後アメリカに移住して炭鉱労働者になった。隣家の息子ヴァルはイヴァンの兄のような存在で、父亡きあとはイヴァンにとっては男性性の見本だが、ヴェトナム戦争で片足を失い、ゾーの葬儀まで故郷を離れていた。注目すべきはイヴァンとヴァルが、アメリカの奴隷制、ソ連の強制労働、アメリカの炭鉱労働、ヴェトナム戦争、アメフトにおいて、男たちが資本の手足として働くという点では共通するという洞察に至りつつ、「労働する能力を備えた男（able men）」（O'Dell 261）ではなくなったと考えるという点である。

イヴァンの父がアメリカでも鉱山労働をしたのは、「それが自分の知っていることだから」（261）だ。イヴァンがこのことを思い出すのは、自分が大学にはいってもアメフトを続けるのは、それが父にとっての炭鉱と同様、自分の知っていることだったからだ（261）。頻繁なフラッシュバックはイヴァンを父へ、歴史へと繋ぐ。父が強制労働に連行される際に母親から言われた「彼らの命じることをしなさい」（262）は、男たちに——父に、ヴァルに、イヴァンに——引き継がれている。「この仕事をせよ」「この戦争を闘え」「ボールを奪って走れ」（262）。だが、「彼ら」に言われたことをする労働は、実のところ奴隷労働にも等しい。父はグラグでの立場を「肉体労働者（sovok）」（156）、「囚人だったが労働者でもあった」（167）と述べる。イヴァンもヴァル同様炭鉱町の外へ「脱出」（154）することを目指したが、亡き父はおそらくプロのスポーツ選手はどんなに稼いでも「頭を使う」労働でないかぎり「工場労働者や鉱山労働者や農場労働者」（156）と同じ肉体労働者であり、「取り替え可能」な「強い背中と強い脚」でしかない（156）と思っただろうと今にして理解する。クリスタルの事件の報を聞いたとき、イヴァンはパブにいて、取り巻きの女の子が彼の性器というパーツを口にくわえていた。イヴァンは故郷に戻り、選手生命を断たれる怪我をするが、父と同じく炭鉱にその選手生命を絶たれる彼こそ、強い脚でのみ稼ぎ、性の対象として女性に愛される、取り替え可能な「パーツ」としての男性肉体労働者だったのだ。

ヴァルも同様である。ヴァルは炭鉱町を逃げてヴェトナム戦争に行った。イヴァンには手紙をよこさず、イヴァンの母の友人のゾーにだけ出していたのは、イヴァンに語れるような経験をしなかったからだ。ゾーはイヴァンにその手紙を遺す。ヴァルは手紙のなかで戦争というシステムへの失望を隠さない。「金持ちはおらず」「軍隊には階級制度すらある……僕らは、大半が黒人、レッドネック、権威ある人間にトラブルを起こした前科のある人間」ばかりの隊で（311）、最終的にたどり着いた洞察は、階級が下の多様な若者が「終わりなく供給」されるということだった。「スタン・ジャック［J&P石炭の設立者］の息子までもかり出さねばならないとなれば、戦争を考え直すかもしれないけどね」（312）と。金持ちは巻き込まない戦争で、ヴァルは脚を失い、もっと運が悪い仲間の夥しい靴だけが残った。まるで炭鉱事故で掘り出された人体の一部のように。あるいはナチスドイツの収容所で命を落とした者の遺した靴のように。

キンメルによれば、一家の稼ぎ手（breadwinner）であることがアメリカにおける男らしさの中核をなす性質である（xii）。保釈予定のリースの双子の弟ジェスは、妹ベサニーの夫リックとともに、J＆P系列の炭鉱で働いていたがリック同様再度失職した。イヴァンの父の頃の、疾病給付も年金もあるいわゆるフルタイムの雇用形態とは違って、彼らは雇用の調整弁として失業・雇用を繰り返していた。ジェスは最後の日、粉塵まみれの作業着を着たまま帰宅する。自分の身体――疲れきった腕や背中もろとも――そのものが誇りであり、妻子の敬意を受けているが、失業するからにはそのような充足感を「二度と味わえない」（135）と思うと、作業着を脱ぐのもためらわれたのだ。前の世代は、長く働いていると、じん肺などで「頑健な（able）男の生きた幽霊」（261）と化したが、イヴァン同様四〇歳になるかならないかのジェスやリックは幽霊にすらなれない。彼らが稼ぎ手の座から滑り落ちることと連動して、異性愛に基づく家族関係が揺らぐ。一家の稼ぎ手としての給料は、実のところニューディール以降の福祉国家の制度であり、それは稼ぎ手の男性を家長とするジェンダーの政治を賃金体系として構造化したものだ。稼ぎ手であるというのは、福祉国家が醸成した男らしさであるとも言えるのであり、福祉が機能しなくなると同時に、異性愛の男らしさをその制度に支えられていた層には不安が生じる。さらに言えばそうした男らしさを支える頑健な身体全体が傷ついて損なわれれば、男らしさも揺らいでしまう。

イヴァンとヴァルの脚の喪失は、したがって、ファルスを失うことでもある。稼ぎ手になり得る身体が異性愛男性の男らしさを支えるとき、身体の障害は異性愛成就の妨げとなるのだ。異性愛と障害なき身体とが結びついていることが規範として強制力を持っていることは、ロバート・マクルーアが障害とクィアネスを結びつけて論じる際の前提である。障害なき身体という「強制的な性質」は、「産業資本主義の勃興と部分的には結びつきを持っていながらも、その出現と発展は見えなくなっている」（McRuer 8）。そこにあるのはただ、「障害ある男は（a crippled man）得点できない」（O'Dell 16）という思いを抱えて行き暮れる人生だけだ。

だが、その結びつきは、イヴァンの語りが行なう回想と現在の往還のなかに姿を現す。幼い頃、炭坑ガーティは、イヴァンに学校で習った奴隷制や先住民族の悲劇を連想させていた。「個人としてはそこには関わっていなかったが、それでも僕は進歩と強欲の名のもとにあまたの人々に恐ろしいことをしてきた、より大きな、止まらない全体の一部」（60）だった。炭坑は、「僕も僕らの一部であり、僕らが自分たちの身に恐ろしいことを降りかからせてきた」（60）。彼はそのような意味で「恥」を感じたのだが、それが次の回想では、クリスタルのＤＶ被害で「恥」を感じている。打ち据えられた彼女の姿はさながら「火に焼かれた人」のようだ（60）。炭坑からクリスタルへ。これは、産業が異性愛に地続きのように横滑りする想像でもある。クリスタルはさながら炭坑火災の犠牲者のようにリースと、イヴァンの身体的暴力、性的暴力の犠牲になったのだ。

炭坑とは、そうなると資本主義という不可視なシステムの不気味な形象となる。「ガーティがあれほどの死の現場となる以前には、僕らすべてにとって生の源だった。それは僕の持てるもののなかでもっとも神に近いものだった」（138）が、クリスタルのことで恥じ入る彼は事故の晩、父の知恵を求めてガーティに出向き、「幽霊」に――錆びた機械の「歯車の歯」――に脚を砕かれるという「異様な（freak 138）」事故に遭ってしまったのだ。

資本主義の鉄の檻は、たとえ錆びようとも簡単に彼らを逃がしはしない。労働者が差し出せるものは労働力のみであり、そのとき「賃金労働制度というものは、ひとつの奴隷制度である」（Marx II）というマルクスの言葉を思い出してみてもいいかもしれない。フットボール選手として将来を嘱望されていたイヴァンは、炭坑町の檻を逃げ出す手段を奪われる。ここで露わになるのは、彼が階級上昇を目指すにも、労働者階級の子として、知っていることをするしかなかったこと、つまりポスト産業主義的な頭脳労働ではなくて、肉体労働をするしか思いつかなかったということだ。労働者階級の持てる資産――身体――を使って大学、その後のキャリアを目指すも、唯一の資産を収奪されて障害を抱えた（crippled）状態になってしまえば、彼にはもはや上昇の手段はそのオルタナティヴとしてどんな選択肢があるのかという想像すら叶わないのだ。[2]

イヴァンの脚が錆びた歯車に潰される事故とは、マーク・フィッシャーの言葉を借りれば、資本主義という「超抽象的で非人称的」な構造が「容赦なき肉引きマシン」（四三）として私たちの生を管理する様を語っている。資本主義は目に捉えがたい構造であるとして、そのひとつの局面であった産業資本主義は脱産業化したあとも、熾火のように残っている。そのことは地下炭坑火災が目には見えないけれども臭気として、熱としてコール・ランに今なおあり続け、事故の記念祭で人がガーティに行くときにかならずその縁を通ることで、目の端にはいってしまう幽霊のようなものだ。このようにすぐには消え去らない脱産業化の過程を、シェリル・リー・リンコンは「脱産業化の半減期」と呼び、『コール・ラン』も半減期を扱った物語の事例としているが、この視点がもたらす歴史への眼差しは、労働者の苦境をもたらす相手は、移民や女性よりはむしろ、構造的なものであり、制度的であることに目を向けることを可能にする。物語のなかで、ゾーは、まだ幼いゾーの父親が映った写真を、自分の息子（ジョリーンの三番目の子の父）ランディではなく、ヴァルに遺贈することで、ヴァルに炭坑の記憶を受け渡し、またイヴァンにはヴァルの手紙を遺贈して、ヴェトナムでヴァルが考えたことをイヴァンに受け渡して歴史を繋ぐ。ヴェトナムでの敵は本当に闘うべき相手だったのかと疑ったヴァルの手紙を読んで初めて、イヴァンは自分たちが「自分たちのコントロールを超えた力に」よって「互いに闘わされている」（343）のではないかということ——分断統治——に思い当たる。妻にDVをはたらいたリースは自分の敵なのだろうか、と。

ここまで見てきたように、『コール・ラン』は、脱産業化の長らく続く影響のなかで個人の経験を歴史化する。それは、ブルース・スプリングスティーンがオハイオ州の錆びた町を歌った「ヤングスタウン」（一九九五）で行なったことでもあった。祖父、父、自分の代の家族の歴史を、鉄鋼業の歴史（鉄鋼業、および鉄鋼業あっての南北戦争、二度の世界大戦とヴェトナム戦争、そして）とその衰退とコミュニティの崩壊を結びつけることで、「個人」と産業構造とを結びつける。経済の問題を脇に置いたまま、トランパラチアを無知な白人がいる場所とする限り、ヴァンスが提示したステレオタイプは共和党支持者、民主党支持者を問わずますます力を持ち、「共感を阻む壁」（ホックシールド 八）が高くなるばかりだろう。しかし、男性性への傷として経験される個人の苦境は、言ってみれば制度的な不正義である。そしてこのような視点は、移民、有色人種、あるいはオバマの環境政策などを敵として排除する言説を通じた怒りの構築プロセスを回避する手立てを与えてくれるかもしれない。

◉註

（1）アメリカのなかでもオハイオやミシガン、ペンシルヴァニアなどの州にまたがる、製造業が衰退した地域。錆びた機械のイメージから名づけられた。

（2）こうした男たちに対して、シングルマザーのイヴァンの妹ジョリーン、母、母の友人のゾー、そしてイヴァンの傷を受け容れたチャスティティといった女たちは、男たちとは違う選択を示しているのだが、またそれは別の機会に論じてみたい。

◉引用文献

Baker, Kevin. “The Eternal Sunshine of the Spotless White Mind.” *New Republic*, March 18, 2017. https://newrepublic.com/article/141435/eternal-sunshine-spotless- white-mind

Belew, Kathleen. *Bring the War Home: The White Power Movement and Paramilitary America*. Harvard UP, 2018.

Berks, Howard. “Doctors Confirm Black Lung in Victims of Mine Blast.” NPR. May 17, 2013. https://www.npr.org/sections/health-shots/2013/05/17/184758863/doctors-confirm-black-lung-in-victims-of-mine-blast

Billings, Dwight. “Once upon a Time in ‘Trumpalachia’: *Hillbilly Elegy*, Personal Choice, and the Blame Game.” Harkins, Anthony and Elizabeth McCarroll eds. *Appalachian Reckoning: A Region Responds to Hillbilly Elegy*. West Virginia UP, 2018, 38-59.

Catte, Elizabeth. *What You Are Getting Wrong about Appalachia*. Belt Publishing, 2018.

Eason, John M. *Big House on the Prairie: Rise of the Rural Ghetto and Prison Proliferation*. U of Chicago Pr, 2017.

Grisham, John. *The Firm*. 1991; Dell Books, 2016.

Harkins, Anthony. *Hillbilly: A Cultural History of an American Icon*. Oxford UP, 2004.

第8章　ラストベルトの生（越智博美）

Harrington, Michael. *The Other America: Poverty in the United States.* 1962; Simon & Schuster, 1993.

Kimmel, Michael. *Angry White Men: American Masculinity at the End of an Era.* 2013. Bold Type Books, 2017.

Leonard, Elmore. *Pronto: A Novel* (Raylan Givens Book 1). 1993; HarperCollins, 2002. Kindle.

Marx, Carl. "Critique of the Ghota Programme." Marx/Engels Selected Works; vol. 3, 13-30. https://www.marxists.org/archive/marx/works/download/Marx_Critque_of_the_Gotha_Programme.pdf

Mine Safety and Health Administration, U.S. Department of Labor. https://www.msha.gov

McRuer, Robert. *Crip Theory: Cultural Signs of Queerness and Disability.* New York University Press, 2006.

Murray, Charles. *Coming Apart: The State of White America, 1960-2019.* Cowan Forum, 2012.

O'Dell, Tawni. *Coal Run.* New American Library, 2004.

Vance, J. D. *Hillbilly Elegy: A Memoir of a Family and Culture in Crisis.* Harper Collins Publishers, 2016.

"Vance Talk with Anna Maria Tremonti on CBC radio, September 14, 2016 full episode transcript."https://www.cbc.ca/radio/thecurrent/the-current-for-september-14-2016-1.3761300/september-14-2016-full-episode-transcript-1.3762146

ウィリアムズ、ジョーン・C『アメリカを動かす「ホワイト・ワーキング・クラス」という人々――世界に吹き荒れるポピュリズムを支える〝真・中間層〟の実体』山田美明、井上大剛訳、集英社、二〇一七年。

ゲスト、ジャスティン『新たなマイノリティの誕生――声を奪われた白人労働者たち』吉田徹、西山隆行他訳、弘文堂、二〇一九年。

フィッシャー、マーク『資本主義リアリズム』セバスチャン・ブロイ、河南瑠莉訳、堀之内出版、二〇一八年。

ホックシールド、A・R『壁の向こうの住人たち――アメリカの右翼を覆う怒りと嘆き』布施由紀子訳、岩波書店、二〇一八年。

Ⅲ　身体を超えて——想像力が切り拓く可能性

第九章　女形を通してみる江戸のジェンダー

柏崎　順子

はじめに

江戸時代のジェンダー構造は一言でいえば多様である。それはこの時代が日本の社会にもたらした大きな変容と無関係ではない。江戸時代直前までの日本は長い戦乱のなかにあり世の中は荒廃していた。ようやく徳川政権が樹立し、江戸を筆頭とした都市の建設が行なわれ、次第に安定した状況を獲得した人々は、精神的なゆとりを持ち得るようになる。そうした状況下では人は娯楽を求めるようになるのだが、近代以前の社会で庶民にどのような質と量の娯楽を許認するかはさまざまである。結論からいえば、江戸時代は封建社会でありながら庶民に比較的寛容な時代であったということができる。人々が娯楽に供するためのツールがさまざまなかたちで展開することを許した時代であったからである。出版物の享受や吉原という官許の遊郭の存在、同じく官許の芝居、すなわち歌舞伎の存在などである。これらの文芸のツールを通して、江戸の人々は全く異なる人生が存在することを知るようになる。そうした体験は自分自身を客観的に見直す機会にもなったのであり、その結果さまざまな考えをもち、さまざまな生き方を選択する人間が生まれていた。このように精神世界が開かれていく様子は、そのまま江戸時代の文学史をなぞることにもつながる。よく知られているように元禄時代は、そうした人間へのまなざしが深まった時期で、たとえば心中という社会的規範をはずれた行為が美化されるような文脈で浄瑠璃として上演されたり、芭蕉のように漂泊の人生を選択することでおのれの芸術を追求したり、あるいは西鶴のように近代的な作家と同等の視点をもった作家が登場してきた時代であった。江戸時代の元禄期（一六八八～一七〇三）が日本の多くの人々にとって人間認識の深まりの出発点となったのである。

このような時期に同じく成熟し、江戸のジェンダーの在り方を考察するのに格好の材料となるものに歌舞伎がある。歌舞伎はまさに江戸時代の始まりとともに誕生し、新たな時代の時代性を背景として発展し、この元禄期に一応の様式が整う。役柄の分化とそれに伴う演技の追及や演出の進化など、今日に続く歌舞伎の原型が出来上がった時期であった。歌舞伎という芸能は、肉体を通して表現するという点において直接的・感覚的に体感することができるのであり、小説などの文芸にくらべ、より庶民に受け入れられやすい性質を有していた。江戸に市川団十郎というスターが登場したり、役者の着用した衣装の模様が流行したり、正月に京都、大坂、江戸三都の歌舞伎の劇評である役者評判記が毎年出版され、明治以降まで続いたことなどがその証である。たとえ実際の舞台を観なくても、人々は芝居小屋で売られているパンフレットである絵尽しや役者評判記などで、芝居や役者の出来を知り、日常的に話題にしていたことは、当時の漫画本である黄表紙や川柳、浮世絵の役者絵などのなかに散見されるのであり、歌舞伎がいかに生活に密着していたかを知ることができるのである。この歌舞伎という文芸を構成するさまざまな要素が、江戸時代の都市のジェンダー構造を醸成するのに少なからぬ影響を及ぼしていたのではないかと考えられる。

まずは歌舞伎がどのように芸能として変容していったかというところから考察を始めたい。

一　歌舞伎の変遷

歌舞伎の発祥は出雲の阿国という女性が登場したことに始まるといわれている。出雲大社の巫女であったとされる阿国が京都に出て、はじめややこ踊りといわれる女性の踊りを踊って好評を博し、やがて北野神社の境内で歌舞伎踊を踊ったことがその後の歌舞伎の方向を決定付ける。歌舞伎踊りとは、当時かぶき者といわれた、並外れて派手な格好をしたり、反体制的な言動をするような輩の風体を取り入れた踊りのことで、阿国は男装し、かぶき者に扮して道化役の猿若を伴い、女装の役者が扮する茶屋女のところに通う茶屋遊びの様子をまねて踊ったということが公卿山科言継の日記『言継卿記』に記されている。これが熱狂的な人気を博したというのである。阿国の歌舞伎踊りは異性を演じるという性の倒錯が大きな魅力として受け入れられていたのであり、歌舞伎がその発祥である踊りであった段階からもっていた重要な要素であった。阿国は江戸にも進出し、歌舞伎踊りは広く定着することとなったのである。

この時期は新時代の到来とともに始まった都市の建設が進行していたのであるが、建設途上のそうした空間には遊女が集まってくる。都市の建設にあたってはその空間にまず労働力としての人間が流入するのであり、労働力としての人材とはすなわち男性のことを意味していた。したがって江戸初期の建設途上の都市には男性がいびつに多い空間だったのであり、そうした環境は遊女が働く場を提供することになる。阿国の歌舞伎踊りはこうした遊女たちに継承され、女性が集団で踊る芸能に変化していく。これを遊女歌舞伎と称している。『四条河原図屏風』には遊女歌舞伎の舞台が描かれているが、そこには多くの遊女が舞台の上で輪になって踊り、当時中国の三弦に改良を加えて誕生したばかりの三味線を用いての音楽も加わり、華やかなステージが展開している様子がうかがえる。この女性たちはステージを降りると売色行為をしていたのである。昼の興業が夜の営業に繋がることが、遊女歌舞伎の人気の要因であった。

このことは出雲の阿国が打ち出した、新しいものを取り入れる精神と性的な魅力を融合した芸能というコンセプトを継承していく方向性を歌舞伎が固めたことを意味している。しかし幕府はこの遊女歌舞伎について、風紀を乱すものとして危険視し禁止令を出している。寛永六年頃に次のような御触が出されたのである。

此頃於府下ニ女歌舞妓、総おどり等致候儀、堅御制禁申達に付、以来相止可申事、女舞並おどり等の中へ男児交り候事、是又相止可事（関根、六八頁）

このお触れによって遊女歌舞伎が上演できなくなっただけでなく、男女が一緒に舞台に立つことも禁止されたのである。この男女がうち混じり展開する舞台とは、阿国が行なっていた猿若を連れての茶屋遊びの芸のことである。具体的には次のようなものであった。

さてもふしきのよのなかにておんなはおとこのまなひをし、おとこはおんなのまねをして、ちやのかかにみをなして、はつかしかほにうちそはめものあんししたるていさてもさてもとお

もはて、おもしろきともなかなかに、こころことともなかりけり（『かぶき草紙』、一三頁）

この演技が「おんなはおとこのまなびをし」「おとこはおんなのまねをして」いたことから、役者が演じる性の倒錯は、女の役者でも男性の役者でも行なわれていることがわかる。この男女の茶屋あそびの舞台はかなりエロティックな展開をしていたことが、『かぶき草紙』の挿絵に添えられた文章から知られている。役者の性を倒錯させた上でさらにエロティックな所作をするこの魅惑的な舞台に人々が熱狂していた様がうかがえるのである。幕府がこの観客側の感情の高揚に不安を覚えたであろうことは想像に難くない。幕府が男女一緒に舞台に立つことも禁じた所以である。

そこで興行側は、この規制に抵触しない男性のみを舞台に登場させる策に出た。それが若衆歌舞伎である。もっともこの若衆歌舞伎は遊女歌舞伎が行なわれていた時期から存在していたのだが、遊女歌舞伎の禁止でにわかに浮上してきたものであった。京都の五条河原や下鴨辺りでの美少年の踊りが評判となり、男色の対象としての魅力から僧侶にも人気だったことが知られている。若衆とは、本来は元服前の男子のことであるが、そこから派生して寺院で一人前の僧になる前の少年僧も若衆と呼ぶようになり、さらに男色関係にある美しい少年を意味するようになっていったと考えられる。若衆歌舞伎の演者はこれらの意味を兼ね備えた、元服以前の髪型である前髪を蓄えた美少年たちであった。興行側が狙っていたのはこの美少年たちの性的な魅力のアピールであったことはいうまでもない。彼らは舞台で演技するだけでなく男色の対象として売色行為もしていたのである。ということは、若衆歌舞伎は遊女歌舞伎と本質的なところでは何ら変わらないものであったということになる。以後、遊女歌舞伎が禁止された寛永六年から、若衆が舞台に立つことを禁止される承応元（一六五二）年まで二十五年間、若衆歌舞伎は上演され続けている。承応元年の御触は次のようなものである。

一此度若衆歌舞妓御法度ニ被仰付候ニ付、町中ニてかふき子之様成せかれ抱置、金銀を取、公界為致申間敷事、（高柳・石井、一二三九頁）

右の内容は、若衆歌舞伎が禁止されたことに伴い、町中で歌舞伎子、すなわち男娼を兼ねた歌舞伎役者などの男子を抱えて金銀を得るような営業をしてはいけないというものである。この御触によって再度興行存続の危機に立たされた歌舞伎は、役者が若衆の象徴である前髪を切り落として舞台に立つことと、「物真似狂言」をすることを条件として翌年、上演を許されることになる。これによって歌舞伎は男性を魅力的な外見を保ったまま舞台に出すことができなくなり、さらに躍動的、魅惑的な身体表現である踊りから離れることも余儀なくされ、ダイレクトなかたちでの性的アピールによる集客ができない事態となった。こうした経緯を経て歌舞伎は演劇としての道を歩むことになる。現在に続く歌舞伎の原型がこうして生まれたのである。当初は単純な寸劇のようなものから出発したが、次第に複雑なストーリーを展開するようになると、場面転換の必要から引幕が考案され「続き狂言」が生まれる。劇の内容が複雑になるということは、多様な人間を演じ分ける必要が生じるわけで、当然ながら女性を演じることも必要になってくる。そこで舞台に立てるのは男性だけであるという制約のもと生まれたのが女形である。

もっとも男性が女性を演じるという点においては、中世以来の芸能である能も女性の仮面を被った男性が女性の役を演じていたのであり、何も新しいことではなかった。しかし歌舞伎は象徴的な表現をする能にくらべ、より生々しく肉体で表現する演技であること、その上演が都市における興行として商業ベースに乗ったものであり、一般庶民が広く享受するものであった点において中世の芸能とは一線を画するものであった。そしてもっとも重要なのは、元禄時代になって、安定した社会の時間の積み重ねがもたらしていた、人間を対象化してみるまなざしの成熟というものが、女形の芸を異なる次元のものにしていったという点である。この女形の芸の成熟において、重要な役割を果たしたのが、元禄期に活躍した芳沢あやめであった。

二　『あやめ草』にみる女形の生き方

芳沢あやめは元禄はじめのころから『役者評判記』に登場するようになり、最終的には「三日ケ津極無類惣芸頭」という無二の位を獲得した女形の名優である。

あやめには『あやめ草』という芸談が残っている。歌舞伎作者でもあった役者福岡与五郎が聞き書きしたもので、二十九ヶ条あり、明和八（一七七八）年に『新刻役者綱目』の付録として刊行されたものであるが、芸談の成立時期はあやめが活躍していた元禄時代とみてよい。そのなかに次のような一条がある。

一、あやめ申されしは、我身幼少より、道頓堀に育ち、綾之助と申せし時より、橘屋五郎左衛門様の世話に成りたり。五郎左衛門様と申すは、丹州亀山近所の郷士にて有徳なる御人、いかう節目ある人なりしが、能をよく被成たり(1)

この一条により、あやめが役者修行をしていた年少のころ、すなわち歌舞伎子（色子）と称される男娼でもあった時期に、橘屋五郎左衛門という人物を後援者としてもつようになったことが知られる。若衆歌舞伎が禁止されたあとも歌舞伎は衆道と密接に関わりをもつことによって役者個人への経済的支援を安定したものにしていた。結局幕府は歌舞伎役者が売色の対象になることを排除することはできなかったのである。そればかりか、むしろ幕府の規制によって生まれた女形という役柄により、性的な魅力の在り方はより複雑な様相を呈するようになる。女形は男性である役者が女性を演じる役柄であるという点において、歌舞伎の発祥以来存在していた性の倒錯を、演劇として歩みはじめた後も継承したことになる。しかし女形の芸は、それまでの舞台のように視覚的・表面的に性的魅力を発散するだけのものではなく、演劇として女性というものを表現することを追究するものであった。結果的にそれは男性である役者のなかに女性を内在させることを志向することになる。それを実現させるためのあやめのさまざまな努力を、以下のように『あやめ草』のなかに看取することができる。

一、中の嵐三右衛門吉澤氏と夜話の時、とろろ汁を出されければ、吉澤氏箸を取りかねられたり。三右衛門曰く、女形は此たしなみ無くては。さてさてわれらあやまり入りたり。昼夜心易く致すゆゑとの存違へと詫言をせられしよし。後に片岡氏に三右衛門あひて、あやめは名人なりと申されしは、かかることまでに、たしなみふかかりしゆゑなり。

女形はたとえ舞台に立っていないときでも、人前で食事をすることを恥ずかしいとおもうようでなくてはならないというエピソードであり、普段から女性の心持ちでいなければならないことを説いた一条である。さらにそのための手立てとしてあやめは次のように言う。

一、女形は色がもとなり、元より生れ付て美しき女形にても、取廻しを立派にせんとすれば色がさむべし。又心を付て品やかにせんとすればいやみつくべし。それゆゑ平生ををなごにて暮さねば、上手の女形とはいはれがたし。舞台へ出て爰はをなごの要の所と、思ふ心がつくほど男になる物なり。常が大事と存る由、再々申されしなり。

女形とは色気が肝要であるとして、たとえばもともと顔立ちが美しい女形でも身のこなし、立ち振る舞いを勇ましくすれば色気を台無しにしてしまうし、かといって努めてしなやかにしようとすればわざとらしくなってしまう。そうした問題を解決するためには平生から女性として暮らすべきだというのである。舞台上の時間だけでなく、女性を擬似的に生きていくことで芸に磨きをかけようとするあやめのなみなみならぬ覚悟がみてとれる。女形の心構えとして次のようにも言う。

一、女形はがく屋にても。女形といふ心を持べし。弁当なども人の見ぬかたへむきて用意するべし。色事師の立役とならびて。むさむさと物をくひ。扨やがてぶたいへ出て。色事をするとき。その立役しんじつから思ひつく心おこらぬゆへたがひに不出来なるべし。

女形は演技をしていない楽屋でも、ラブシーンを演じる相手役の前で節度もわきまえずむしゃむしゃと弁当を食べたりして興ざめさせてしまっては、舞台でも演技する際も、こころから相手役を愛しいと思う心がわかず、お互いの演技を台無しにしてしまうというのである。ただしこのような努力をしたからといって男性が女性になるわけではない。この点もあやめは十分に理解している。次の条にあやめの女形という役柄への解釈をうかがうことができる。

一、或女形よし沢氏に問けるは。女形はいかが心得たるがよく候や。よし沢氏のいはく。女形は、けいせいさへよくすれば外のことは皆致しやすし。其わけはもとが男なる故。きっとしたることは生まれ付て持てゐるなり。男の身にて傾城のあどめもなく。ぼんじやりとしたることは。よくよくの心がけなくてはならず。さればけいせいにての稽古を。第一にせらるべしとぞ。

女形の心得を尋ねられたあやめは、傾城の演技さえうまくできれば万事うまくできると答えたというエピソードである。傾城とは最高の位に位置する遊女で、容姿淡麗は基本として備え、その上に茶道や華道、三味線や琴、歌などの芸事も完璧に身に付け、客に真実恋愛をしているような錯覚をおこさせる手練手管を備える聡明さも要求され、そのための修練を幼いころから重ねた、まさに人工的に女性の魅力を身につけた女性である。この「人工的に女性の魅力を身につけた」という点が、男である女形の演技に通底する重要な点であったのである。次いであやめは、「もとが男なる故。きつとしたることは生まれ付て持てゐるなり。」といって、女形が男性の本質的な性質を備えている存在であることを認め、そういう女性とは異質の存在であるからこそ女性を対象化してみることができ、芸としての女性を演じることができると考えている。その上で傾城も男性の視点から人工的に作られた女性の理想像である点において、女形が手本とすべきものであることにあやめは気づいていたのである。こうした女形という役柄の理解のあり方は、あやめの生きた元禄期が、人間をみつめる成熟したまなざしを獲得していた時期だからこその賜物というべきものであろう。

つまり芸としての女性性を身につけた女形という存在の魅力は、男性の若衆としての魅力をもちながら、そのなかに女性としての魅力も内在している、複雑な存在であったということがいえる。女形のパトロンとなる旦那衆は、そのどちらの魅力も享受していたのである。当時の恋愛事情として、男性は男色、女色の両方を兼ねることは特別なことではなかった。その両方をひとつの肉体が兼ね備える新たな魅力というものを女形はもつにいたったのである。

それではこの点において一般の観客は女形をどのように鑑賞しているだろうか。以下に毎年出版された『役者評判記』から、若女形の芸評をひろってみよう(2)（歌舞伎評判記研究会）。

岩井左源太
第一面躰よし、尻付たつふりとしてこのもし（『役者談合衝』京、元禄十三年三月）
藤本花ぎり
是都より下り若女､目もとはつきりとして､きりやううつくしく物ごしかはゆらし（『役者三世相』江戸、宝永二年）
筒井吉十郎
めんていかわゆらしさうつくしさ、ぼっとりとしてうまさふな御肉《しし》つき、せりふ能武道ぬれけいせい事、諸芸きようにして（『役者友吟味』、江戸宝永四年）
佐野川花妻
扨もかわゆらし、今難波の器量よし、芸も御出世卯ノ顔みせひな形長者に、ゑもんのすけ新五郎殿おくからいとと成。妹夕霧殿の悪性をしつて、甲きてゐて殿をとらへてのりんき事。わしらはあのような女房もつたら外は見まいほつそりしはりの柳ごし（『役者大福帳』大坂､宝永八年）

これらの評からは男性の観客が、演技の観点とは別に女形を女性としての肉体的魅力で評価していることが看取される。筒井吉十郎の評は面体のかわいらしさ美しさとともに体つきがぼっとりとして（姿がふっくらとして愛敬のあること）肉感的なことをその魅力としてあげた後に、芸も全般にわたって器用にこなす役者だと評価し、佐野川花妻も「りんき事」、つまり嫉妬する演技にたまらない魅力があるとし、このような妻をもったら他の女には見向きもしないだろうという賛辞を送っているのである。当然ながら女性としての魅力をそこに感じている評といえよう。これは遊女歌舞伎の時代の役者が担っていた役割と同等のものとみることができる。では、一般の観客にとって女形が女性的な魅力だけをもつ存在であったかといえばそうではない。歌舞伎子や色子、舞台子といわれる修行時代の役者で特定の旦那がつかない者は、舞台に立たないときは陰間茶屋という、男娼をおいて売色する宿で働いていた。陰間とは男娼のことで、陰間のなかにはこの歌舞伎子のほかに、歌舞伎に出演しない陰子と称される者もいたが、歌舞伎子のほうが格が高く、したがって値段も高かったといわれている。一般の観客がこうした歌舞伎子から成長した女形に男色の対象としての魅力を感じていなかったとは考えにくい。

その証左として、女形は若衆方から転向することが少なくなかった事実がある。若衆方とは野郎歌舞伎の時代になって役柄の分化が進み、それぞれの役者が固定した役柄を担うようになった際、結局は幕府が危険視した若衆の存在が役柄として定着したものである。次のような評がある。

村山万三郎
去年は若衆がたで、山下座へ出られしが、今年は村山座のたてものとなり給ふこと、先以お手がらなり、若衆がたより、女方に役がへめさるる人、大ぶんあるなかに、この君ばかりは、か

へすまされたは、大坂にてひやうばんよく候よし
京にては、梅津小太郎といひし若衆がた、今なにはにては、女かたをつとめらるるが、さりとはよし。

　これは村山万三郎が若衆方から立役にうまく転向したことを稀な例として評価したもので、一般的には若衆方から女形に転向する例が多いことを指摘し、梅津小太郎は若衆方から女形になって成功したことが語られている。つまり若衆方と女形の芸は通底するものがあるということであり、ここに女形が有している魅力の本質をみることができる。次の若衆方の役者の評はそのことを端的に証明するものである。

水木富之助
御めんていのうつくしさ、いやはや詞にのべられず、おぼこにてかはゆらしく、あいきやうあつてあつはれお若衆（『役者三世相』江戸、宝永二年）

今村半之助
ぼっとりとしてもつたいよく。めんていうつくしくすすどげなければばかわゆらしき若衆がた。
（『役者大鑑』元禄五年）

この若衆方の評にある「かはゆらしく」「あいきやうあつて」「ぼっとりとして」という評価は、そのまま先の女形の評価に用いられていたものである。女形とは若衆方の魅力をもちつつ、なおかつ女性の魅力もあわせもつ、ジェンダーのあいまいな存在であることはこうした役者の評判からも明らかである。先述したように、庶民におよぼす歌舞伎の影響は少なくなかったと考えられる。女形の存在は江戸時代のジェンダーの形成にあたり、性差を相対化していくような役割をはたしていたのではないかと想像される。

三　立役の魅力

さらにそれを裏付けることとして、役者の売色行為は、男性を対象としているばかりでなく、女性をも対象としていた痕跡のあることが注目される。いわゆる絵島生島事件がそのことを象徴する例である。この事件は正徳四（一七一四）年正月一二日、七代将軍の生母に仕える大年寄江島が、寛永寺および増上寺への代参の後に、山村座に立ち寄り、当時の人気の立役、すなわち男役のなかでも正義の味方、主人公になるような役柄である立役の生島新五郎と密会したことが発覚した事件である。江島は信州高遠に、生島は三宅島に流罪になり、山村座は取り潰しになった。それが表沙汰になったのは当時の政争がからんでいたといわれている。本来であれば徳川家の不祥事に関わることであり、内密に処分が下されるような事件なのである。裏を返せば、表面化しないところで立役がこのような身分の高い女性や裕福な女性をパトロンとしていたことは想像に難くない。立役も女形同様、経済的援助が必要だったことに変わりはないからである。また、陰間茶屋でも陰間が一七・八になると御殿女中や裕福な町家の後家などの相手をしていたことが知られている。このように歌舞伎の世界において、役者が女性に売色行為をするということが、男性に売色行為をすることと共に並存していたということにも、ジェンダーの役割をあいまいにしていくような要因を見出すことができるのである。

四　儒教的規範とジェンダー

ここで言及しておかなければならないのは、江戸時代を通して政策として行なわれた儒教の教えに基づいた女性の社会的位置付けの問題である。江戸初期に出版が開始された早い時期から女訓物といわれる本が出版され、女性のあるべき姿が説かれている。内容としては貞節、孝行、善行等が説かれているのだが、なんといっても女性の位置付けを決定的なものにしたのが享保元（一七一六）年『女大学宝箱』（以下『女大学』と省略）であろう。それまでの女訓物といわれていた書物群は、娯楽的な要素も兼ねた読み物であったのに対し、『女大学宝箱』の出版以降は、『女大学何々』という書名で、年少者の教科書である往来物としてさまざまな『女大学』が出版されたのである。従来の女訓物にくらべ、家父長制が定着してきたことで家の存続ということが重要視されるようになったことに伴い、子どもを産む性である女性の役割をより強調する内容となっていて、女性の在るべき姿が一九条で説かれている。具体的には男女の別を守るべきであることや、舅姑に孝行を尽くすこと、夫に従順であること、家内での労働の辛労に耐えること、身繕いは慎ましくすることなどの教えが並んでいる。出版という媒体を江戸時代が有していたことも影響して、こうした女性観が広く浸透していたことは間違いないだろう（柏崎）。少なくとも武家社会や地方の農村でも庄屋クラスの家では女性の在り方の手本としてこの考え方が実際に機能していたと考えられるが、都市における一般庶民のレベルで、果たしてこの感覚が生活のなかに根付いていたかは疑問がある。本稿でみてきたように、庶民の日常生活に深く入り込んだ娯楽である歌舞伎の享受のされ方から考えて、『女大学』の教えが庶民の生活に浸透していたとは考えにくいのである。今回は歌舞伎を取り上げたが、庶民が享受する他の文芸、たとえば川柳や漫画本である黄表紙や浮世絵といった文芸においても歌舞伎と同様に多様な性の享受の様がみてとれる。ここから江戸時代のジェンダー構造は身分や地域の違いによって異なるかたちが存在しているとするのが実態ではないかと考えられる。これを都市という空間で括ってみると、武士も町人や職人といった庶民も、共に生活する空間であったことにおいて、重層的なジェンダー構造であったことがみえてくるのである。

◉註

（1）『あやめ草』（『新群書類従　三』所収本から引用。以下『あやめ草』の引用はすべて該本からのもの）。

（2）稿中に掲載した『役者評判記』はすべて『役者評判記集成』から引用した。

◉引用・参考文献

今尾哲也『役者論語　評註』玉川大学出版部、一九九二年。

柏崎順子「江戸時代の女性観」中野知律・越智博美編『ジェンダーから世界を読むⅡ』、明石書店、二〇〇八年。一六〇〜一七六頁。

歌舞伎評判記研究会編『役者評判記集成』岩波書店、一九七二年。

ゲイリー・Ｐ・リュープ著、藤田真利子訳、『男色の日本史』作品社、二〇一四年。

松竹大谷図書館所蔵コロタイプ版複製『かぶき草紙』米山堂、一九三五年。

関根只誠纂録、関根正直校訂、国立劇場芸能調査室編『東都劇場沿革誌料　上』国立劇場芸能調査室、一九八三年。

高柳真三・石井良助編『御触書寛保集成』岩波書店、一九三四年。

東京国立博物館所蔵『四条河原図屏風』。

西山松之助、郡司正勝等編『江戸学事典』弘文堂、一九八四年。

藤本箕山撰、野間光辰解題『色道大鑑』八木書店、一九七四年。

早稲田大学坪内博士記念演劇博物館編『日本演劇史年表』八木書店、一九九八年。

第十章　共感と視点

――ハナ・ギャズビー『ナネット』と未完の物語

川本　玲子

はじめに　『ナネット』が提起するコメディーの問題

近年ではLGBTQという略語が人口に膾炙して、さまざまな性的少数者《マイノリティー》集団の存在が広く認知されつつある。しかし、たとえば「レズビアン」や「トランスジェンダー」といった言葉を聞いて、そうして名指された人々の人生とはどのようなものであり得るかと問われれば、私たちの多くはまだ答えに窮するのではないか。それとも一部のポピュラーカルチャーがいまだ発信し続けるような、ゲイやトランスジェンダーの単純で面白おかしいステレオタイプを、つい思い浮かべてしまうかもしれない。オーストラリアのタスマニア島出身のスタンドアップ・コメディアン、ハナ・ギャズビーは、有料インターネットチャンネル『ネットフリックス』で二〇一八年六月に配信が開始されたショー『ナネット』において、そのように戯画化され、類型化されたLGBTQのイメージを当事者たちが再生産し、それに加担させられることの問題性を、自身のストーリーを通じて指摘している[1]。「#MeToo運動の象徴に祭り上げられ、「ギャズビー」を世界的な有名人にした」この一時間あまりのパフォーマンスは、コメディーの体裁を取りながら、実は「コメディーそのものへの批判的コメント」でもある（Logan; Donegan）。

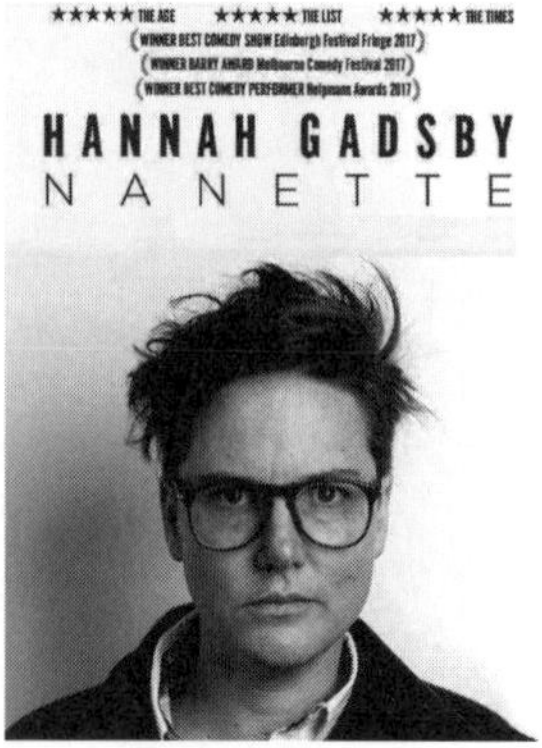

ハナ・ギャズビー『ナネット』ポスター

暗い色のパンツスーツに身を包み、短髪に眼鏡をかけた中性的な風貌に、いたずらっ気のある笑顔が特徴的なギャズビーは、キリスト教色が色濃く、一九九七年まで同性愛が犯罪だった故郷タスマニアで、レズビアンとしての自分を抑圧して育った経緯を語り、小さな田舎町では居心地が悪かった理由として、「なにしろ私はこの状況（I am this situation）だもんで」と自分の姿を指し示し、自虐的に笑ってみせる。(2) 当時、男性の同性愛者はともかく、レズビアンについては情報がほとんど入ってこなかったため、「長い間、私はレズビアンについてよりは、一角獣《ユニコーン》についての方が、より多くの事実を知っていました」と語るギャズビーは、シドニーのゲイ・アンド・レズビアン・マルディ・グラ（毎年二月末から三月初めにかけて行なわれるＬＧＢＴＱの盛大なお祭り）をテレビで見て、初めて「自分のお仲間」を知ったという。そして、性の多様性を象徴する虹色の旗を掲げ、着飾って踊り歩く人々を見ながら、「ここにいたんだ、私のお仲間は。ちょっと派手じゃない？」と思い、「おとなしいゲイは、どこに行くんだろう？　おとなしいゲイは、どこに行けばいいんだろう？」と自問したという。またギャズビーは、男のジョークに笑わないようなユーモアに欠ける女はどうせレズビアンか性的に欲求不満に違いないという、昔からある悪意の決めつけを引き合いに出し、それに照らせば「レズのコメディアン」などあり得ないと言って、笑いをとる。

デビューしてからは「新米のゲイ・コメディアンの古典的な定番ネタ」、つまりカミングアウトに関する笑い話や「同性愛嫌悪《ホモフォビア》についてのクールなジョーク」ばかり披露していたとギャズビーは告白する。バスを待つ間に隣の若い女性にちょっかいを出していたら、そこに現れた女性のボーイフレンドに「オレの女から離れろ、このカマ野郎！」とすごまれて身の危険を感じたが、後から「なんだ、女か。悪かったな。俺は女は殴らないよ」と言われて難を逃れたという話、自身の母親にカミングアウトしたら、「そんなこと言ってくれなくて良かったのに。私が殺人犯だったとしても、あなた聞きたくなんかないでしょう?」と返された話、祖母に彼氏はいないのかと聞かれて必死にごまかした話などを茶目っ気たっぷりに語るギャズビーに、聴衆は腹を抱えて笑いながら聞き入っている。

　本人の表現を借りれば、ギャズビーは「ちょっと見には男」、「普通ではないジェンダー《ジェンダー・ノット・ノーマル》」、「トリックスターの女」である。店の店員や飛行機の乗務員がうっかり彼女にSirと声をかけてしまい、涼しい顔でただちにMadamと言い直したり、あわてて平謝りするというエピソードを紹介しつつ、白人の男性に間違われるのは嬉しいと皮肉る。「だってほんの束の間でも、人生が段違いに楽になるんだもの。私はノーマルの最上位、人類の王なんだって。異性愛者《ストレート》の白人男ですよ。何もしないで最高のサービスが受けられるわけ!」続けてギャズビーは、客席のそうした白人男性たちに向け、「いや、今は皆さん楽な時代じゃないですよね、気の毒に」と同情して見せたかと思うと、批判を嫌うと言われるかれらを舌鋒鋭く揶揄する。

> だって、今になって初めて、あなた方は人間の小部類《サブカテゴリー》の一つになっちゃったんだから。でしょ?「いや、そもそも人間を部類分けし始めたのは俺たちなんだぞ。［……］俺たちは中ほどの人間《ヒューマン・ニュートラル》なんだよ」って。[3] もう違いますよ。［……］「異性愛者の白人男」って呼ばれると、「いやいや、それは逆性差別だ」とか言うじゃない。そんなことない。ルールを作ったのは、あなた方なんだから。ちゃんと読んでよ。こんなものただの冗談ですよ。［……］おふざけですよ。怖がることない。ただのロッカールーム・トーク(男同士の本音トーク)に過ぎないんだから。(*Nanette*)

こうして、ギャズビーという「おとなしいゲイ」であり、「ジョークの分かるレズビアン」という自己矛盾した存在を笑うネタで観客は盛り上がるが、ショー開始から二十分ほど経った頃から、徐々に風向きが変わり始める。まずギャズビーは、「もうコメディーを辞めようと思います」と軽く宣言する。その理由は、自虐的な笑いを取ることは、自分のように周縁に生きている存在にとっては、「謙虚（humility）」ではなく「屈辱（humiliation）」に他ならないと気づいたからだという。彼女が思春期を過ごした八九年から九七年にかけて、タスマニアは、同性愛を合法化するか否かという議論に揺れていた。

私を育て愛してくれた人々、私が信頼した人々の七〇パーセントが、同性愛は罪であり、同性愛者は憎むべき、人間以下の小児性愛病者だと信じていました。七〇パーセントですよ。私がゲイを自認した頃には、もう手遅れでした。私自身がすでに同性愛嫌悪に陥っていて、それは単にスイッチ・オフできるようなものではなかったのです。そう、どうなるかといえば、同性愛嫌悪を内面化して、自分を憎むのです。心底憎むのです。私はどっぷり恥にまみれていました……。（*Nanette*）

ギャズビーの語りがあらためて顕在化させる問題は、少数者集団に対する差別が、人々の認知にあらかじめ織り込まれてしまっているということだ。他者認識を支えるさまざまな概念群——たとえばジェンダーやセクシュアリティー、人種に関わるもの——と、それにまつわる言葉遣いが、一部の集団を規範化しながら他の集団を周縁化し、場合によっては不可視化する。ギャズビーが「ちょっと見には男」であることが周囲に困惑や敵意を引き起こすのは、他者の「取り扱い説明書」としての言語が、それが十全に表現しえない対象への理解や共感を阻むからではないか。ギャズビーにとって、彼女自身がそうした表現不可能な対象であったことが、自己認識を歪めさせ、罪悪感と自己嫌悪を生じさせたのである。

ギャズビーは、ゲイとしての孤独と苦しみをコメディーに変換することで、自分をごまかして来たのだという。彼女は、ジョークと普通の物語の違いは、ジョークには「始まりと真ん中」しかないことだと説明する（これは、アリストテレスによる物語のプロットの定義——「始まりと、真ん中と、終わりがある」——を下敷きにしているだろう）。コメディー・ショーは、最後を「落ち《パンチライン》」で締めて笑いをとる必要があるために、「物語のいちばん大事なところ」、すなわち「終わり」を入れる余地がない。ゆえに、自分の物語をしっかり最後まで語る代わりに、自己の人格形成における決定的に重要な体験を「トラウマの頂点」で凍結する形でジョークに仕立ててしまい、そのネタを何度もやるうちに、いつしか「そのジョーク版［のストーリー］」が、現実に起こったことの記憶と混ざり合うように」なったという。結果として、自分は「永遠の思春期」のなかにとらわれてしまったと彼女は振り返る。そして、「私は自分の物語をちゃんと語らなければいけない」と宣言する。

一　他人の靴を履くことはできるか

二〇〇六年六月、イリノイ州ノースウェスタン大学の卒業式で、同州選出の上院議員だったバラク・オバマは、これから社会に出て行く学生たちに次のような言葉を贈った。

この国では、国家予算の赤字がよく話題になる。しかし私は、共感の赤字について話すべきだと思う――誰か別の人間の立場に立って考える力、お腹を空かせた子供や、職を失った製鉄工、寮の部屋を掃除する移民の女性といった、自分たちとは違う人々の目を通して世界を見る力の不足について。［……］人は言うだろう、路上で寝泊まりし、物乞いをするアメリカ人は、怠け者で芯が弱いからそうなったんだと。荒れ果てた学校に囚われた都市部の子供たちは、どうせ頭も悪く勉強もしないのだから、放っておけば良いと。地球の向こう側で、無実の人々が虐殺され、故郷から追放されているのは、誰かよその人が解決すべき問題だと。（“Obama to Graduates”）

このスピーチに限らず、オバマの語りはしばしば、こうした物語の小さな場面をモザイクのように継ぎ合わせ、聞く者の眼前に突きつける。それは、黙々と働く掃除人や、小銭と共に屈辱を受けとるホームレス、誰にも期待をかけられず自己否定の念を強くする少年少女、遠い国の紛争地で逃げ惑う人々の姿を喚起した上で、そうした他者を安直な先入観やステレオタイプで切り捨てることを、あらかじめ戒めている。ここで共感（empathy）というキーワードと組み合わされている、「他の人の立場にいる自分を想像してみる」——直訳すれば、「他者の靴を履く（put ourselves in someone else's shoes）」——という表現は、オバマが重要な場面で繰り返してきたものだ。たとえば二〇一二年六月には、自らが立ち上げたＤＡＣＡ（幼児不法入国者送還猶予措置 Deferred Action for Childhood Arrivals）が救済の対象とすべき若者たちについて、「彼らの立場に立ってみてほしい、想像してほしい。生まれてこの方、何事もちゃんとやり、熱心に勉強し、懸命に働き、場合によってはクラスで一番の成績で卒業さえしたというのに、急に他国に追放される恐怖に直面するという状況を」と訴えている（"Transcript of Obama's Speech"）。彼は自叙伝 *The Audacity of Hope* において、共感とは「単に同情や施しの気持ちへの呼びかけではなく、むしろより厳しい要求として」、「他者の靴を履いてその人の目でものを見よという呼びかけ」であると述べている（66）。オバマをアメリカ初の黒人大統領の座に押し上げたのは、彼が打ち出したこの理想のアメリカ像——つまり、他人同士が想像力を介して融和し、互いに互いを通していくつもの生を生きる、言うなれば「共感の共同体」のイメージだったと言っても過言ではないだろう。

しかし、理念的には誰もがその一員として歓迎されるはずの理想の共同体像が、実は万人に受け入れられてはいなかったことを証明したのが、二〇一六年の大統領選におけるドナルド・トランプの勝利ではなかっただろうか。トランプが、他者の靴を試し履きするどころか、高い壁の向こう側、それもなるべく遠いところに放り出すべきだと考える性質の人物であることは明白だ。社会的弱者や少数者集団に対してのトランプの冷淡さを示すエピソードは、それこそ枚挙に暇がない。社会学者のアーリー・ホックシールドは、いわゆる「トランプ現象」の原因が、リベラルな進歩派とアメリカ中西部・南部の白人貧困層に多いトランプ支持者との間の「エンパシー・ギャップ（共感度の差異）」にあると論じた。これに対してエミリー・ウィリンガムは、進歩派はトランプ支持者の立場を理解する努力を十分にしてきたと反論し、トランプはむしろある意味で「共感の達人」だと指摘する（Willingham）。共感は、他者の視点からものごとを見て、その人の考えを読み取ることに関わる認知的共感と、他者の感情を感じ取り、これを共有することに関わる感情的共感とに大別される（Shamay-Tsoory 215）が、ウィリンガムに言わせれば、トランプは感情的共感をいちじるしく欠く一方で、認知的共感に長けているという。彼は常に場の「空気」を読み、相手がもっとも聞きたいことを口にするため、支持者たちは彼の言葉に、実は存在しない同情や気遣いを読み込んでしまっているというのだ。

確かに認知的共感と感情的共感は、他者との関係において、まったく異なる役割を果たしうる機能である。二〇一七年度に日本語の流行語大賞を受賞した「忖度」という言葉は、今では特に政治的文脈で人がうまく立ち回るために駆使する能力としての認知的共感を指すことになってしまったようだ。実のところ、共感をよそおうことが社会的利益をもたらす場面はいくらでもある。その一方で、感情的共感もまた、一筋縄では行かないものだ。ポール・ブルームによれば、共感は総じて、外見的、文化的、そして距離的に自分により近い他者に対して感じられやすい。自分と違う人種や社会階級に属する人や、政治的な意見が異なる人ばかりか、フットボールのライバルチームのサポーターに対してさえ、人は共感の度合いを下げるという。つまり、共感は他者を敵と味方に分けたがる心理と直結しており、味方への強い感情移入は、敵への憎しみや攻撃性と表裏一体である。そして、味方の涙に心を揺さぶられる人も、敵の涙には無頓着どころか、冷たい懐疑のまなざしを向けたりする。[4] また安易すぎる共感も、やはり懐疑や皮肉の対象となる。たとえば日本語なら「お涙ちょうだい」、英語なら tear-jerker（涙を絞り出すもの）と呼ばれるような、動物や子供を襲う苦難や、家族や恋人との悲痛な別れを主眼とした物語などは、多くの人に反射的に涙を流させるからこそ、低俗であざとい文学ジャンルとして批判を受けもする。他者の辛苦を疑似体験し、涙を流すことには一種の「いやし」効果もあるからこそ、「お涙ちょうだい」の物語には常に需要があるのだろう。[5]

つまり共感は、それが向けられる対象や感じられ方の度合いに一貫性を欠くばかりか、一種の欺瞞ですらありうる。私たちが他者に深く感情移入するときでも、その人の心情を私たちが真に共有しているという保証は、当然ながらどこにもないのである。オバマが愛読書の一冊として挙げている『道徳感情論』において、アダム・スミスは sympathy あるいは fellow-feeling という概念を提示し、これを「苦しむ人と想像の上で立場を取り替える」こととして、その心的プロセスを、拷問を受ける人を例に、次のように説明している。

> 我々は、想像によって自分自身を彼［他人］の立場に置き、同じ拷問のすべてに耐えると思い浮かべ、それをまるで彼の身体であるかのように理解し、こうしてある程度まで彼と同じ人物になる。その後で、彼が感じていることについて一定の観念を形成し、程度こそ劣りはするが、多少とも彼が感じ取っているものに似た何かを感じさえする、というわけだ。（31）

続く一節では、苦しむ他者への感覚的没入の度合いが次第に激しさを増していく様子が描写されるが、その一方で、スミスがその同化のあり方について「ある程度まで」、「程度こそ劣りはするが」、「多少とも」といった留保を加えているのは示唆的だ。よくありそうなことだが、他者にいわば想像的になり替わり、その人の感覚を共有するという感じが、単なる錯覚や気のせいではないと、どうして言い切れるだろうか。

とはいえ、人が他者の痛みや苦しみを察知し、それを和らげたいと切実に願うことがあるのもまた紛れもない事実である。そうした願望が存在しない人間社会は、少なくとも今日の私たちの感覚では、おそろしく殺伐としたものになるだろう。しかし、先に見たように共感は意外に厄介な感情であり、とりわけ「異質な」他者に対する共感の欠如も、実は私たちの言語と認知に深く根ざしている。以下、野矢茂樹の論を借りて、この問題に一つの見通しをつけてみたい。

二　視点、身体、物語——野矢茂樹の眺望論と相貌論

野矢は『心という難問』において、人が世界をとらえるその仕方（世界把握）を、眺望と相貌という概念で説明している。野矢によれば、私たちの世界把握は、知覚する主体のあり方を示す「有視点把握」と、主体から切り離された「無視点把握」に大別される。これらは相互依存的であり、私たちは常にその両方をもって世界をとらえている。具体的には、たとえばこういうことだ。筆者が自宅の玄関を出ると向かいに公園が見える。駅に続く道に出れば、左手に銀行が見え、右手からは踏切の

音が聞こえる。季節が秋ならば、金木犀の香りがあたりに漂っている。このような世界把握は、世界の中にいる私という主体の視点から、つまり有視点的に行なわれる。ここで注意したいのは、たとえば「私の自宅を出ると公園が見える」という有視点的把握は、それを経験するのが私自身でなくても成り立つということだ。その場所（眺望点）に立っているのが別人であっても、同じ知覚的眺望（公園の風景）が得られるという意味で、有視点的知覚は「非人称的」でもある。それでは、私の自宅の玄関を出れば、誰にでもまったく同じように目の前の公園を知覚するのかと言えば、実際にはそうではない。私より視力の良い人には、公園はより鮮明に見えるだろうし、逆に視力の弱い人には、ぼんやりした緑色が見えるだけかもしれない。このように、知覚する主体の身体状態に依拠した有視点把握を、野矢は感覚的眺望と呼ぶ。目の悪い人に見えるぼやけた公園のような眺望は、その人の身体状態に固有のものなので、同じ場所に立っても、感覚的眺望は個々人によって異なる。

　では、無視点把握とはどのようなものか。自宅を俯瞰的に見た場合、私はその西側に公園が、北側に駅があることや、自宅は東京都のおおむね中ほどに位置することを知っている。ただし、私がイメージするこの俯瞰図は、上空のどこか一定の視点から見える正確な地形図などではなく、あくまで主体としての私の視点からは切り離された、「無視点的」な世界把握である（野矢 七五）[6]。野矢は、この概念的な地図の諸地点に、そこを眺望点とする（有視点的な）知覚的眺望を描き込んだものを、「眺望地図」と呼ぶ（九七、一〇一）。なお、感覚的眺望は、眺望地図に描き込まれることはない。筆者自身も近眼であるため、裸眼では自宅前の公園をはっきり見ることはできない。しかし、眼鏡をかければ、この公園という対象をより正確に知覚できる。よって、私の眺望地図に描き込まれるのは、眼鏡をかけたときに見える公園という、より詳細で鮮明な眺望の方である。ただし、私と同じく近視の誰かが私の自宅前に立てば、公園がぼやけて見えるだろうという推測はできる。つまり、感覚的眺望は、眺望地図に描き込まれはしないが、望めばいつでもそこから読みとることができると野矢は言う。

人は誰でも眺望地図を持っているが、その精緻さは個々人の間でも異なるし、同じ人の眺望地図のなかにも、細かく正確なところもあれば、雑で間違いだらけであったり、概ね空白であったりするところもあるだろう。それでも、眺望地図の重要な特徴は、これが「公共的」であるということ、そして私たちが生きて活動している間、常に更新され続けるということである。私たちは他者と互いの眺望地図を見比べ、学んだり、共有することができる。さらに言えば、眺望地図は「日常生活における認知と行動を導く」役目を果たす（野矢 一〇四）。つまり、私たちが眺望地図にもとづいて世界をどう把握するか（私たちに世界がどう見えるか）、その仕方が、私たちのふるまいに大きく影響するのだ。

さて、それでは、筆者とまったく同じ身体状態にある他者（私と全く同じ視力を持つ人）ならば、私の家の前の公園が私とまったく同じように見えるのだろうか。それも違うと野矢は考える。というのは、この公園を初めて通りがかった人と、そこで毎日子供を遊ばせた経験のある筆者とでは、いわばそれに対する「思い入れ」が違ってくるだろう。筆者にとってこの公園は、子供の成長の記憶と切っても切れない関係にある。つまり、私はこの公園を、自分の人生におけるひとコマとして知覚する。このように、私たちの人生の物語から意味的な影響をこうむる世界把握を、野矢は相貌と呼ぶ。

物語は現在の知覚を過去と未来の内に位置づける。そしてまた、私たちは現実の物語だけでなく、反事実的な可能性の物語をも語り出すだろう。知覚はこうした物語のひとコマとして意味づけられる。物語に応じて異なった意味づけを与えられる知覚のこの側面が「相貌」である。（野矢二〇〇）

ここでの「反事実的な可能性」とは、たとえば思い出深い公園がある日なくなり、そこに建物が立っていたような場合、もはやない公園の姿をその場所に重ねて見るというような場合が考えられるだろう。

加えて重要なのは、物語と概念、そして言語表現との関わりである。たとえば「野良猫」という概念は、昼寝をしたり、他の猫とケンカしたり、近づくと逃げるなどの「野良猫らしい」行動を想像させる。また、母猫とはぐれたり、飢えに苦しんだり、人に拾われたりという物語を喚起することもあるだろう。(7)

一般に、概念Aはその典型例に関する私たちの通念を伴う。そして、その通念はそこに開かれる物語を規定する。それを、概念Aが開く「典型的な物語」と呼ぼう。ある対象を概念Aのもとに捉えるとき、私はその対象をAの典型的な物語の中に位置づけることになる。この典型的な物語が、その対象の知覚に反映され、相貌をもたらすのである。（野矢二〇〇九）

これをさらに敷衍するなら、他者もまた私たちの世界の一部であり、私たちは出会った人を前に、既有の概念にもとづいてその人を記述し、その人にかかわる典型的な物語の中に位置づけようとする。社会心理学者の唐沢かおりによれば、「ステレオタイプは、他者認知において強力に作用する」のであり、たとえば「女性は感情的だとか車の運転が下手だというようなステレオタイプのもとでは、女性であるというだけで、（個人が実のところどうなのかはともかく）感情的だとか車の運転が下手だと認知されやすくなる」（唐沢　一三二）。ステレオタイプにおいては、あらかじめ対象の記述の仕方の幅が狭められることで、そこに開かれる物語も、おのずと広がりを失ってしまうと言えるだろう。

心理学者のコーディリア・ファインによれば、ある実験において、女性の被験者に数学テストを受けさせるにあたり、解答用紙に性別を書く欄があった場合となかった場合では、なかった場合の方が女性の点数は上がったという。また、数学の問題を解く前に、自分が女性であることを意識させるような質問に答えさせられたグループは、そのような質問を受けなかったコントロール・グループに比べて成績が悪かった。これは、「女性は数学ができない」というステレオタイプが当事者に内面化されることが、彼女たちのパフォーマンスに悪影響を与えたことを示している。つまり、こうした物語的可能性の狭まりや喪失は、当事者の自意識にも反映されるのだ。

他者を物語のなかに位置づけるということは、過去から未来へと続く時間の流れのなかにその人を置き、その欲求や願望や目的、そして言動の裏にある動機を見出すことである。そうだとすれば、さまざまな可能性に満ちた他者の物語を想像する能力こそが、共感であると言えるだろう。逆に言えば、共感とは、他者の視点から見た世界の相貌という、本来なら見えるはずのない風景を想像的に見てとり、さらにはそれが喚起する感情をも感じようとすることではないか。想像される物語の単純化や矮小化にともなって、他者の感情の細やかさや深さ、激しさもまた、過小評価されることになるだろう。それは結局のところ、その他者が共感の対象ではなくなることを意味する。

三　他者の物語を引き受けること——『ナネット』が描く多視点的世界

「私はちゃんと自分の物語を語らなければいけない」と宣言したギャズビーは、これまで笑い話にしてきたストーリーを、一つずつ語り直してみせる。まず、臆面もないゲイ差別者であり、娘のカミングアウトを軽んじたと思われたギャズビーの母親は、後になってこう彼女に語ったのだ。

私が後悔しているのは、あなたをストレートであるかのように育てたこと。ごめんなさい。[……] 分かっていたの、あなた自身が気づくよりずっと前から——あなたの人生が、とても辛いものになるだろうことを。分かっていて、是が非でもそれだけは避けたかった。私が事態を悪化させたことも承知している。世界は変わらないと分かっていたから、あなたに変わって欲しかった。
(*Nanette*)

娘の苦悩に対して無知や無関心を装いながら、実は自分なりに娘を守ろうと葛藤していた母の洞察と愛情に気づき、ギャズビーは「いったいいつの間に、母が私の物語のヒーローになったのだろう」

と驚き、反省する。「母は進化していた。でも、私は違った」。そして、いったん「女は殴らないよ」と謝罪して引き下がったバス停の男は、ギャズビーがゲイであることに気づいて、また戻ってきたのだ。そして、「ちょっと待て、わかったぞ。お前は女のオカマだな。だったら殴っていいはずだ」と言うや、衆人環視のなか、ギャズビーに激しい暴力を振るったという。「私はそれを警察に届けなかったし、病院にも行きませんでした。そうすべきだったのに。どうしてだと思いますか？　なぜなら、私は自分にはその程度の価値しかないと思ったからです」。ギャズビーは続けて、幼少時に性的虐待を受けたこと、また二〇歳そこそこの年齢で強姦されたことを告白し、「私は皆さんに、自分を被害者だと思ってほしくて、これを話すのではありません。［……］私の物語には、価値があります。私の知っていることを皆さんに知ってほしいから、知ってもらわないといけないから、これを話すのです」と語る。こうして、まるで単純なアニメが実写映画に変わっていくかのように、レズビアンと周囲の人々の無知や誤解という戯画的なストーリーが、本物の怒りや悲しみ、恐怖や屈辱を抱えた生身の人間のそれへと変化し、物語はジョークの落ちを越えて続いていくのだという実感がもたらされると、観客席は何とも居心地の悪い静寂に包まれる。

このようにギャズビーは、ＬＧＢＴＱを含めた少数者集団に属する人々が毎日のように経験する緊張の片鱗を、観客に味わわせる。静まり返った客席に対して、彼女は「この緊張、これはあなたのものです。もう私から助け船は出さない。この気持ちに慣れてもらわなければ、というのは、これが……この緊張が、ノーマルでない人々が常に内に抱えているものだから」と告げる。実は美術史の学位を持っているという彼女は、それがいかに無用の長物であるかという話で笑わせた後、狂気の画家として神格化されたゴッホに言及する。ギャズビー自身がうつ病の薬を服用していることを咎め、「ゴッホが［精神病の］薬を飲んでいたら、『ひまわり』は描けなかったろう」と説教してきた男性に対して、ギャズビーは、むしろゴッホが服用した癲癇の薬こそが彼にひまわりの黄色をより鮮やかに見せたかもしれないと言い返したという。「創造するには、苦しまねばならないとでも？　それが創造性の代償であるとでも？　あんたがそれを享受するためだけに？　ふざけんな、おい」。ギャズビーが罵り言葉を交えて吐露するのは、必死で生きる人の人生の物語が、他者に消費されるにあたって単純化され、軽んじられることへの怒りである。ギャズビーは、ゴッホが生前に画家として無名のままだった理由は、世間が考えるように、彼が時代の先を行く孤高の天才だったからではなく、道行く人に避けられるほどに精神を病み、人とのネットワークを築けなかったことにあると語り、精神疾患を無配慮に美化することこそが、彼の人物像の誤った評価を導いていると批判する。

ギャズビー自身も、偏狭な社会が構築する、単純で悪意に満ちた「ゲイの物語」を押しつけられて苦しんだ人間である。ショーの後半になって、ギャズビーの口調は次第に激しさと真剣さを増すものの、涙を見せることはなく、観客にも安易な感情的共感を許さない。怒りという感情について、彼女は「笑いと同じように、一つ部屋に集う他人同士をつなげることができる」とする一方で、結局は「盲目的な憎しみを広げること以外に目的を持たない」ものとして、これを退ける。「怒りは建設的ではありえない。笑いは薬ではないのです。物語こそが治癒のカギを握っています。笑いは苦い薬を甘くする蜜でしかない。笑いや怒りであなた方を一つにしたくはない」と彼女は言う。

もし私の物語のような話が聞けたとしたら、昔の私は何でもしたでしょう。誰かを責めるためじゃない。名声や、金や、権力のためじゃない。それほど独りぼっちではないと感じるために。つながっていると感じるために。私は自分の物語を……聞いて欲しい。［……］私は自分の頭で考えられる人々に、私の物語を聞き、感じ、理解してほしかっただけです。と言うのも、好きか嫌いかにかかわらず、あなたの物語は……私の物語だから。そして私の物語は……あなたの物語なんだから。私にはもう、自分の物語を引き受ける力がありません。自分の物語を怒りで染めたくない。お願いしたいのは、私の物語を一緒に引き受けて欲しいということだけです。

（*Nanette*）

ギャズビーはまた、「私が女のもとを去るときはいつも、その女を燃やすべきなのだ。女を破壊すれば、それが背負う過去を破壊できる」というピカソの言葉を引用し、病的な女嫌い《ミソジニスト》としてピカソを切り捨てる(8)。そして、年端のいかない少女と性的関係を結んだピカソはトランプやハーヴェイ・ワインスタイン、ウディ・アレンといった、性犯罪を犯した男性著名人たちと同類だとし、「こういう男どもが、私たちの物語をコントロールしているんです」と憤る。しかし唯一、多視点を絵画に取り込んだ点において、ピカソは「皮肉にも正しかった」と語る――「というのは、もし私たちがあらゆる視点から、できるだけ多くの視点から世界を見るすべを学べたら、よりよい世界を描けるはずだから」。ギャズビーが思い描いたのは、あらゆる人の視点から描かれる、多様な物語の集合としての世界であり、オバマのそれにも似た、共感の共同体ではないだろうか。

おわりに

ドイツ出身のジャーナリスト、カロリン・エムケの『なぜならそれは言葉にできるから——証言することと正義について』は、スターリンによる粛清を経験し、レニングラードの刑務所に収監されていた女性囚人の一人が、そこにいた著名な詩人アンナ・アフマトヴァを認め、彼女にかけた言葉——「じゃあ、あなたがこれを言葉にしてくれる?」——と、それに対するアフマトヴァの「はい」という返答をめぐる考察から始まる。エムケは、「これ」というたった一語の「切り詰められた表現」に集約されているのは、「その人の身に起きたことへの恐怖」、「その体験を言葉にする能力を奪ってしまうほどの恐怖」だと考える（一〇）。そうした体験は、ときに当事者自身にも、言語化に先立つ状況把握そのものすらできなくする。「ある種の体験は、それを描写することが不可能なだけではない。［……］人生に突如押し入ってくるそんな不正や暴力を体験した人は、自分の身に何が起きたのか、理解することもできない」とエムケは言う（一〇—一一）。それでも、刑務所の女性はアフマトヴァに出会い、詩人が「これ」を言語化してくれると知った瞬間、「人間の顔」、すなわち主体性を取り戻す（エムケ　一三）。そしてエムケは、私たちにはそうした物語を聞く義務があると訴える。あまりに過酷な経験からいったん世界からこぼれ落ちてしまった人たちを、世界にまた迎え入れるためには、他者による理解の努力が必要だからだ。

人はみな、どうやっても他者とは共有し得ない「これ」——すなわち、経験の記憶の「容れ物」としての身体——を引きずって生きているのであり、耐えてきた心身の痛みが多く激しいほど、他者はそれを想像的に経験することに臆するだろう。ギャズビーが「この状況」と呼ぶ彼女の身体もまた、生々しいディテールと複雑な思いに支えられた物語を生きてきたのであり、それは長いあいだ、十全な形で語られることを許さなかった。しかし、彼女が勇気を振り絞ってそれを公にした今、その物語を彼女とともに引き受ける（take care）ことは、彼女の靴を履き、その目から見た世界の相貌を想像的に経験するための第一歩になりうるだろう。

そもそも、私たちが壁の向こうに他者の靴を放り投げることなく、これを履いてみようとすべき理由とは何だろうか。他者の物語に「付き合う」ことには時間と労力がいるし（もしその誰かが、地球の反対側に暮らし、自分と異なる言語や文化、性的指向を持つ人であれば、なおさらだ）、その両方を投資する気になったところで、その人の心をそのまま感じることなどできない。しかし、好むと好まざるとにかかわらず、私たちは常に他者と視点を重ね合わせて暮らしているのだ。

私にとってあなたは他者であるが、しかし完全な他者ではない。私たちは部分的に同じ物語を生き、部分的に異なる物語を生きている。すべての他者は不完全な他者である。より多くの物語を共有する近い他者とより少ない物語しか共有しない遠い他者がいるだけでしかない。（野矢三三五）

偶然にも私たちと同時にこの世界に生きる他者の物語は、ギャズビーが言うように、私たちの物語でもあり、私たちの物語もまた、かれらの物語だ。

◉註

（1）ショーの内容にまったく無関係の『ナネット』というタイトルについて、ギャズビーは同名の女性にたまたま出会い、「この人から一時間分の笑いのネタをもらおう」と考えて、脚本を書く前に決めてしまったが、期待はずれだったと説明している。

（2）以下、和訳はすべて筆者。

（3）性別にとらわれないアイデンティティー、あるいは考え方を指す「ジェンダー・ニュートラル」のもじり。

（4）オバマ自身も、このような懐疑の対象になっている。二〇一二年、米国コネチカット州のサンディ・フック校で一人の男が二〇人の幼稚園児と四人の教諭やスタッフを射殺し、自殺するという痛ましい事件が起きた。記者会見を開いたオバマは言葉に詰まり、涙を見せたのだが、共和党寄りのテレビ局であるフォックスのトークショーの司会者はこれを取り上げ、大統領が手元に「生タマネギか何か」を隠し持っていたのではないかという憶測を述べ、その涙には「あまり真実味がない」とコメントした。

（5）アリストテレスは、ギリシャ悲劇においては、観客が高貴な主人公に共感し、その過酷な運命に対して「畏れと憐れみ（fear and pity）」を感じることが、それらの感情の浄化（カタルシス）を導くと述べている。

（6）無視点的把握と有視点的把握はそれぞれ、グーグル社が提供するサービスであるグーグル・マップとグーグル・ストリートビュー（マップ上のある地点をクリックすると、その地点の路上で見える三六〇度の風景写真が提示される）と比較すると分かりやすいかもしれない。

（7）ここでの野矢の説明には、認知心理学でいう「スキーマ」や「スクリプト」に関する理論と通底する部分がある。唐沢かおりによれば、スキーマとは「対象に対する知識が一定の構造のもと、体制化されたものであり、ステレオタイプや性格プロトタイプ、またレストランをするときの手順など、一連の行動の流れを示すスクリプトなどが該当する」（一二七）。「散歩している犬」というスキーマからは、それが電柱に小便したり、通行人の匂いを嗅いだり、他の犬に吠えかかるといったスクリプトが展開する。

（8）より正確には、「私が妻を変える時はいつも、直前の妻を燃やすべきなのだ」と言ったとされる。

◉引用文献

Donegan, Moira. "The Comedian Forcing Standup to Confront the #MeToo Era." *The New Yorker*, June 28, 2018. https://www.newyorker.com/culture/culture-desk/the-comedian-forcing-stand-up-to-confront-the-metoo-era

Fine, Cordelia. *Delusions of Gender: The Real Science behind Sex Differences*. Icon Books, 2010.

Logan, Brian. "Hannah Gadsby Review: *Nanette* Follow-up Doesn't Surprise, But Delights." *The Guardian*. Oct 25, 2019. https://www.theguardian.com/stage/2019/oct/25/hannah-gadsby-review-nanette-follow-up-doesnt-surprise-but-delights.

Nanette. Performed by Hannah Gadsby, 2018. Netflix. www.netflix.com/jp-en/title/80233611

The New York Times. "Transcript of Obama's Speech on Immigration Policy." June 15, 2012. www.nytimes.com/2012/06/16/us/transcript-of-obamas-speech-on-immigration-policy.html

Obama, Barack. *The Audacity of Hope: Thoughts on Reclaiming the American Dream*. Crown, 2008.

---. "Obama to Graduates: Cultivate Empathy." *Northwestern University Website*. June 19, 2006. northwestern.edu/newscenter/stories/2006/06/Barack.html

Shamay-Tsoory, Simone G. "Empathic Processing: Its Cognitive and Affective Dimensions and Neuroanatomical Basis." *The Social Neuroscience of Empathy*. Edited by Jean Decety and William Ickes. MIT Press, 2011. pp.215-32.

Willingham, Emily. "Yes, Donald Trump Is A Master of Empathy." *Forbes*. Nov 3, 2016. www.forbes.com/sites/emilywillingham/2016/11/03/yes-donald-trump-is-a-master-of-empathy/#68a3400f1937

エムケ、カロリン『なぜならそれは言葉にできるから――証言することと正義について』浅井晶子訳、みすず書房、二〇一九年。

唐沢かおり『なぜ心を読みすぎるのか――みきわめと対人関係の心理学』東京大学出版会、二〇一七年。

スミス、アダム『道徳感情論』高哲男訳、講談社学術文庫、二〇一五年。

野矢茂樹『心という難問――空間・身体・意味』講談社、二〇一六年。

ブルーム、ポール『反共感――社会はいかに判断を誤るか』高橋洋訳、白揚社、二〇一八年。

第十一章　ケア労働と代理母出産の「ユートピア」

河野　真太郎

はじめに

本論では、人工授精などの生殖技術が可能にする代理母出産の問題に焦点を当てる。だが、代理母出産はより広い社会の変化のさまざまな表現のひとつでしかない。ここで言う社会の変化とは、この後説明する通りポストフォーディズム的な社会への変化のことであり、そのなかでの、家庭内の家事労働やケア労働などの、マルクス主義フェミニズムの用語では再生産労働と呼ばれる労働の位置づけの変化である。

本章では、まず、筆者自身の著作である『戦う姫、働く少女』の基礎的な議論を要約し、新自由主義とポストフォーディズムが女性の労働、そして女性的（とされる）労働にいかなる変化をもたらしたのかを概観する。そこで鍵となるのは、従来的な、家庭の外側での賃金労働の変化だけではなく、先述した再生産労働にもたらされた変化である。ひと言で言えば、ポストフォーディズム下において、再生産労働は「外注化」される。ポストフォーディズム状況は、女性の「社会進出」が成し遂げられたとみなされるポストフェミニズム状況に重なるが、そこにおいては、実現可能性はともかくとして、従来は（不当に）女性に押しつけられてきた再生産労働を、何らかの形で外部化したいという願望の表明が見られるのだ。

出産でさえも、外部化＝外注化への欲望の対象となる。もちろん、実際に代理母出産を依頼する人びとは、妊娠出産が身体的に不可能である場合が多く、やむにやまれずであることが多いのだが、右記のようなポストフォーディズムと再生産労働の外注化という観点からすると、代理母出産はそれとは違った顔を見せることになる。むしろ、再生産労働の外注化が行なわれる際の、グローバルな分業の問題を、代理母出産はよりはっきりと浮き彫りにするだろう。

一　ポストフォーディズムとは何か

『戦う姫、働く少女』は、一九八〇年代以降の、新自由主義とグローバリゼーションという名で呼ばれる時代を、ポストフォーディズムとポストフェミニズムの時代として説明した。ポストフォーディズムは、福祉国家の一種の批判として登場した新自由主義における生産体制の名称である。ポストフォーディズムを理解するには、まずそれに先行するフォーディズムを理解する必要がある。欧米の戦後福祉国家時代は、大きな国家による福祉の時代であると同時に、大量生産と大量消費のサイクルがうまく回った「福祉資本主義《ウェルフェア・キャピタリズム》」の時代でもあった。その背後にあった生産体制がフォーディズム（テイラー主義とも呼ばれる）であった。これは、最初に自動車の大量生産体制を確立したフォード社からとられた名称であるが、大量生産の体制という意味からさらに社会学的に拡大し、その生産体制を背景とする社会全体のあり方の名称ともなりうる。

そのさまざまな側面を列挙したのが本書第五章、一二四頁の【図2】である。本論に関連の深い範囲で確認をしよう。フォーディズムは、稼ぎ主の男性が家族給（妻と子供を養える給与）を稼ぎ、女性は専業主婦となる体制である。好景気と強い労働組合を背景に、安定した終身雇用と高賃金を特徴とする。

それに対するポストフォーディズムは、大量生産をして大量の在庫を抱えつつ、大量消費をするというようなモデルではなく、市場の需要に合わせてフレキシブルに生産調整やモデルチェンジを行なっていくような生産体制である。フレキシブルに生産調整を行なえるとは、すなわちフレキシブルに雇用をしたり解雇ができたりすることにほかならない。新自由主義による「規制緩和」は、国家が企業に対して加えていたさまざまな法的規制を取りのぞくことであったが、解雇規制や非正規雇用に対する規制ももちろんその重要な一部分であった。この点で、新自由主義的な政策はポストフォーディズム的な生産体制の要請に応ずるものであったことがわかる。

さて、ここで注目したいのは、このポストフォーディズム体制における再生産労働の位置づけと、そのフェミニズムとの関係だ。確認したように、フォーディズムにおける家族は「男性稼ぎ主モデル」のそれであった。だが、ポストフォーディズムにおける生産と雇用のフレキシブル化は、このモデルに変更を迫る。簡単に言えば、女性も賃金労働に出ることが求められ、共働きが標準となっていくのだ。

これは、ある観点から見れば大いに歓迎すべき事態であろう。ある観点というのは、第二波フェミニズムのそれ、とりわけ女性が専業主婦となることを構造的に強いられる体制を批判し、女性の社会進出を訴えたフェミニズムである。だが、『戦う姫、働く少女』が問題にしたのは、そのような「社会進出」は新自由主義とポストフォーディズムの要請でもあり、そういったイデオロギーとフェミニズムが矛盾しない部分をどう考えるべきか、ということであった。具体的に問題にすべきは、女性内部での階級分化であり、ポストフォーディズムが生み出すフレキシブルな女性労働力である。

以上の点を鋭敏に問題化し、総括したのはナンシー・フレイザーである。

> 不穏に聞こえるかもしれないが、わたしが示唆しているのは、第二波フェミニズムはそれと知らずに新自由主義の新たな精神の重要な構成要素を提供したということである。わたしたちの家族給批判はいまや、柔軟な資本主義に、より高尚な意味と道徳的な美点を備給する物語の大きな部分となってくれる。フェミニズムの物語《フェミニスト・ロマンス》は、女たちの日々の苦闘に倫理的な意味を与えて、社会的な階層の両極端にいる女性たちを惹きつける。ひとつの極端には専門職中産階級の女性の一団がおり、彼女たちは決然とガラスの天井を打ち破ろうとしている。もう一方の極端には女性の臨時雇い労働者、パートタイム労働者、低賃金のサーヴィス業労働者、家事手伝い、セックス・ワーカー、ＥＰＺ労働者〔ＥＰＺとは「輸出加工区」の意で、多国籍企業が発展途上国に作った輸出用の製品製造地区のこと〕、マイクロ・クレジットの借り手がおり、収入と物質的な安寧だけでなく、尊厳、自己改善、そして伝統的な権威からの解放を追求している。この両極端において女性の解放の夢は資本主義的な蓄積のための原動力として利用されている。かくして、第二波フェミニズムにおける家族給の批判は、転倒した余生を過ごしたのである。（Fraser, 220-21）

第二波フェミニズムと新自由主義の合流、そのなかでの女性の階級分化。注目すべきは、「社会的な階層の両極端にいる女性たち」がいずれも賃金労働者として語られることである。一方にはガラスの天井を打ち破る専門職中産階級の女性たち。その一方で、列挙されるような不安定で低賃金の労働に従事する女性たちがいる。

本論にとって注目すべきなのは、この低賃金労働者の職種に、「賃金労働化された再生産労働」が含まれることである。すなわち、サーヴィス業労働者（の一部）、家事手伝い、セックス・ワーカーである。フレイザーの言う「両極端にいる女性たち」は、それぞれに関係なく労働に従事しているわけではない。本論で問題にしたいのは、これらの女性たちがポストフォーディズム的な「分業」を行なっている可能性である。

本論のテーゼをまとめておこう。まず、ポストフェミニズム状況としての現代において、再生産労働を何らかの形で「外注化」したいという欲望が存在し、それがポピュラーカルチャーにおいて表出されていることを本論は指摘する。これは、ポストフォーディズムの要請に従うものである。再生産労働の「外注化」は、フォーディズム下での専業主婦から女性たちを解放する。だがその裏面で、それは女性内部での階級分化を進める。それは単なる階級分化というだけではなく、「分業」の問題である。本論では最終的に、その事例としての代理母出産を検討したい。バイオテクノロジーが可能にしてきた代理母出産は、ある種の女性たちには自由を与えてきた。だが、その裏面では女性労働の搾取が行なわれている。この分業がグローバルな分業であることを、代理母出産の事例は物語るだろう。

二　家事労働に賃金を

家事労働の「外注化」もしくはその準備段階としての賃金労働化への欲望は、第二波フェミニズムの一部にすでに存在した。その代表的なものが「家事労働に賃金を」運動である。正式には「家事労働に賃金を国際キャンペーン（The International Wages for Housework Campaign）」と呼ばれるこの運動は、一九七〇年代にイタリアのフェミニストたちの運動から発展して形成された。その中心人物はマリアローザ・ダラ・コスタ、セルマ・ジェイムズ、シルヴィア・フェデリーチらである[1]。

この運動の主張は、その名称に表現されている通り、家事労働は不払い労働であり、賃金を支払われるべきだ、というものだ。右記の人物たちの著作と活動を詳しく検討する余裕はないが、ここではこの運動の理論的な核心を確認しておく。それは、「再生産労働も価値を生産する運動である」というものだ。これについては　たとえば、右記の運動を理論的に正当化しようとしたレオポルディーナ・フォーチュナティの『再生産の謎――家事、売春、労働と資本』を参照するとよいだろう。フォーチュナティによれば、資本主義的生産様式は「二重の性格」によって特徴づけられる。二重の性格とは「生産＝価値／再生産＝非価値」とするような性格である。つまり、家事などの再生産労働は資本主義的な価値を生産するとは考えられない。しかし、「現実の水準においては、資本主義的生産様式は、価値を生産するものとしての、（再生産もふくむ）生産の全体的なサイクルをつうじて機能している」（Fortunati, 9）。フォーチュナティは、生産と再生産の分離を批判し、家事や子育てなどは文字どおりの再生産労働――資本主義において交換価値へと還元される労働力の再生産のための労働

――であること、そして資本主義は価値を生み出しているはずの再生産労働に賃金を支払わないことによって蓄積を行なっていることを主張する。逆に言えば、再生産労働の搾取は資本主義的蓄積の鍵になっているのだ(2)。

さて、「家事労働に賃金を」という主張は、ひとつの問題をはらんでいる。それは、家事労働その他のコミュニティ生産の労働、もしくは生政治的な生産（ハートとネグリ）をすべて資本主義的なプロセスに包摂してしまうのである。この包摂作用はまさに、ポストフォーディズムの作用にほかならない。ポストフォーディズムは、前掲の図表で述べたように、労働と余暇、雇用状態と失業状態の区分を消去し、人間的能力（後に述べるように生命力《ヴァイタル・エナジー》までも含むそれ）をことごとく労働のための能力として包摂しようとするのだ。「家事労働に賃金を」運動は、ポストフォーディズム状況を前もって肯定したようにも解釈できてしまう。

事実、現代において、家事労働の有償労働化への欲望を基礎として紡がれた物語は、対抗的であるというよりは支配的なものとなりつつある。たとえば、二〇一一年に放映されたテレビドラマ、『家政婦のミタ』であるとか、海野つなみによる漫画を原作とし、二〇一六年にドラマ化されて人気を博した『逃げるは恥だが役に立つ』である。『家政婦のミタ』は、命じられたことはなんでもこなすロボットのような（微笑み＝感情労働は拒否する）家政婦が、母が死んで不在の家庭に雇われる物語であり、『逃げるは恥だが役に立つ』は、家事労働を（この場合は感情労働も含めて）金銭に換算し、その金額の給与を媒介とする契約（偽装）結婚の物語である（詳しくは河野『戦う姫、働く少女』第四章および終章を参照）。

これらの作品で表明されている、再生産労働の有償労働化の欲望は、支配的イデオロギーから逸脱しそれに対抗するものではない。そうではなく、その欲望の背後にあるのは、労働が流動化し、共働きが標準的となるようなポストフォーディズム状況なのだと解釈できる。「家事労働に賃金を」という呼びかけは、そのような状況の追認にしかならないかもしれないという可能性は、検討されるべきだ。

だが、本論はそのような呼びかけの可能性を全否定したいわけではない。そのために取るべき手続きは、現在において再生産労働の「外注化」が、より具体的にどのような形をとっているかということの検討である。それを検討するとき、『家政婦のミタ』や『逃げるは恥だが役に立つ』といった作品が、外注化された再生産労働の現実のありようを隠蔽している様相がつまびらかになるだろう。ここで言っている現実とは、再生産労働の国際的分業の問題である。この主題を追及するために、以下では再生産労働のもうひとつの形、つまり生殖にまつわる労働《レイバー》の問題を考察し、そのポピュラーカルチャーにおける表象と、代理母出産の現実とを結びつけて考えていく。

三　労働《レイバー》＝分娩なき生殖

前節で示した、家事労働を有償化／外注化したいという欲望の発露と並行して、現代のポピュラーカルチャーにおいては「労働《レイバー》＝分娩なき生殖」の表象が頻出する。この欲望もまた、再生産労働を有償労働化し外注化せよというポストフォーディズムの要請から生じていると考えるべきだろう。

【図a】『風の谷のナウシカ』第6巻より

「労働＝分娩《レイバー》なき生殖」の作品としてまず筆頭に置くべきは、『風の谷のナウシカ』（映画版ではなく漫画版）だろう。ナウシカは物語の終盤において、作品の舞台となっている世界を遠い昔に破壊し尽くした兵器である「巨神兵」の母となる【図a】。巨神兵は重工業的な機械の兵器ではなく、バイオテクノロジーの粋を駆使して作られた、知能さえある生体兵器である。

　ナウシカというキャラクターには物語の序盤から二つの性格が与えられている。ひとつは、ナウシカたちが住む世界を覆う毒の森「腐海」についての真実に、科学的思考によって誰よりも先に到達する科学者であること。もうひとつは、とりわけ城オジたちとの関係において母性を発揮する人物であることだ。科学者、つまり専門職業人でもありつつ、母性にもあふれている。これは、現代的には「すべてを手に入れた（have-it-all）」中産階級女性の理想像なのかもしれない。だとすれば、ナウシカが妊娠出産を介さずに母となっていること、そしてそれがバイオテクノロジーによって可能になっていることは、なぜなのか。

　その疑問に答える前に、「労働＝分娩《レイバー》なき生殖」のもうひとつの例を検討しておこう。ジリアン・

フリンの同名の小説を原作とする映画『ゴーン・ガール』である。この作品の主人公は、ニックとエイミーの夫妻である。二人は出版不況とニックの母の癌のためにニューヨークからミズーリ州の田舎に引っ込むことを余儀なくされている。物語の核心は、エイミーがニックに仕掛ける「完全犯罪」である。エイミーはニックを自分の殺人犯に仕立てようとする。その表面上の動機はニックの不倫である。だが、この物語は、かつてはライターとして活躍していたエイミーが田舎で主婦をせねばならないという危機の解決をテーマとしていると見るべきだろう。その危機は最終的に、ニックとエイミーが表向き仲むつまじいカップルとしてメディアに表象されることで解決される。そして、その最大の演出が、エイミーが子供を産むことなのである。だが、エイミーはニックとセックスすることで（つまり、ニックの同意のもとで）子供を身籠もるわけではない。ニックに秘密で冷凍保存しておいた彼の精子を人工授精することによってなのである。

『風の谷のナウシカ』と『ゴーン・ガール』は、かけ離れた作品に見えるかもしれないが、中産階級の専門職女性が、同時に家庭と子供を持つこと（もしくはそれが困難であること）をめぐる作品なのである。それぞれの作品で、バイオテクノロジーが生殖を可能にし、主人公たちのジレンマを解決する。エイミーは確かに妊娠出産はするわけだが、それを「労働＝分娩《レイバー》なき生殖」と呼ぶのは、象徴的な水準において苦役としての妊娠出産がバイオテクノロジーによって無化されているからである。

バイオテクノロジーによってセックスなり妊娠出産なりが無化されてしまうこれらの物語は、ここまで論じた、再生産労働の外注化への欲望に支えられていると見るべきだろう。バイオテクノロジーはそこでは具体的な解決策というよりは、ジレンマの想像的な解決となっている。だがより現実的に、生殖の外注化をめぐっては何が起きており、それとこれらの作品の関係はどのようなものになっているのだろうか。

四　代理母出産と再生産労働の外注化

現実に行なわれている生殖の外注化、それは代理母出産である。代理母出産の事例と歴史・現状について日本語でコンパクトにまとまった文献は大野和基『代理出産——生殖ビジネスと命の尊厳』である。代理母出産は、大きく分けて一九八〇年代半ばまで盛んだった「人工授精型」、つまり依頼者（夫）の精子を代理母の子宮に注入して受精させる方法（卵子は代理母のものであるから、代理母と子の間には遺伝的つながりが生じる）と、その後体外受精技術が発達して主流化していった「体外授精型」に大別される（後者の場合は代理母と子のあいだに遺伝的関係は生じない）。いずれの方法にあっても、代理母が子に愛着を持ってしまって手放そうとしない事例（最も有名なのは一九八六年の「ベビーM事件」である。詳しくはチェスラーを参照）や、依頼者が生まれた子供を受け取りたがらない事例、そして代理母出産が金銭を介したビジネスになることそのものといった、倫理的な問題をはらむものであり、大野はアメリカの事例を中心にそういった問題を問うていく。

大野が聞き取りをした代理母たちの言葉について印象深いのは、これが階級問題であるということだ。たとえば副作用の強い排卵誘発剤を使うことを拒否して代理出産契約を打ち切られたある代理母は、「依頼者の女性は本当は不妊ではなく、ただ自分のキャリアを優先して、妊娠で時間を無駄にしたくなかったから、代理母を使おうとした」ことが明らかになって、深く傷ついたと述べている(大野、三三)。ここには、先にフレイザーの引用で述べられていた「社会的な階層の両極端にいる女性たち」の姿がくっきりと浮かび上がる。大野はこの女性が高卒のシングルマザーであることを丁寧にも指摘する。一方で、代理出産を依頼する女性は、「キャリア」をもった中産階級女性であることが強調される。さすがに、この事例におけるように、不妊ではないにもかかわらずキャリアのために代理母出産を依頼するという事例は極端かもしれないが、それにしてもそのように依頼者と代理母の対照が表象されることには深い意味があるだろう。

ここには、中産階級の女性によって出産が外注化され、下層階級の女性によってそれが担われる、という図式がある。ただし、問題はそれだけではない。大野はその著書の最後の方のセクションで短く触れているだけであるが、二〇〇〇年代に入って、このような生殖の「分業」は新たな展開を見せている。つまり、インド人女性による代理母出産だ。

インドは、二〇〇二年に商業的な代理母出産を合法化し、「生殖ツーリズム」を国家レベルで成長産業と認識して推奨しているという(大野、一六七)。インドにおける代理母への報酬は三〇〇〇〜五〇〇〇ドルで、これはインド人の代理母にとっては年収の六〜八倍に相当するものの、欧米の依頼者にとっては国内で代理母を依頼するよりも格安となる(大野、一六六)。

この代理母出産の現場を記録したドキュメンタリーに『グーグル・ベイビー』がある。このドキュメンタリーの主人公は、自分たちが代理母出産によって子供を設けたイスラエル人のゲイカップルである。その経験からこのカップルの一人は、受精卵を凍結してインドに運び、代理母による出産を行なうというビジネスを思いつき、それを実行していく。非常にビジネスライク（というより「商売人」風の）インドの産婦人科クリニックの女性医師や、インドのみならずアメリカの（やはり下層階級の）代理母たちへのインタヴューを通じて、この作品は代理母出産における「分業」のグロテスクな現実を突きつける。

インドのクリニックの、ベッドが並んだ病室に横たわる身重の寡黙な女性たち。彼女たちの一人は、代理母出産の報酬によって新しい家を買ったと誇らしげである。だが、出産がうまくいかなかった場合は、彼女たちに報酬は支払われない。命の危険を伴う妊娠出産であるにもかかわらず。

このような女性たちを見て、問わずにはいられない。これはいかなる労働《レイバー》なのか？

代理母出産を「バイオ資本主義」における労働、それも搾取された労働として分析する研究が、近年大きく進展している。代表的なものは、メリンダ・クーパーとキャサリン・ウォルドビーの『臨床労働』、カリンディ・ヴォラの『生命維持装置』である。クーパー／ウォルドビーの場合は幹細胞組織提供などのバイオ産業、ヴォラの場合はコールセンターやプログラミングのインドへのアウトソーシングといった文脈で、それぞれの論者は代理母出産をバイオ資本主義における労働として論じる。そして、代理母出産にたずさわる女性たちは単に貧しいというだけではなく、グローバルなポストフォーディズムにおいて不安定なインフォーマル・セクターに追いやられた女性たちなのだと、クーパー／ウォルドビーは論じる。二人が引用するサスキア・サッセンの言葉を借りると、これらの女性たちは、

「グローバリゼーションの下盤（lower circuit）であり、彼女たちは、高等な消費パターンを備え、教育を受けた専門職女性によってはもはや行なわれなくなった家庭のサーヴィスや「妻にふさわしい」務めを必要としている、知識労働者の家庭を支えている。（Cooper and Waldby, 65）

本論の文脈では、代理母たちは外注化された再生産労働を不可視の（そして搾取された）労働によって行なう存在である。ここまで紹介した文化的表象（『家政婦のミタ』、『逃げるは恥だが役に立つ』、『風の谷のナウシカ』、『ゴーン・ガール』）はすべて、万能の家政婦、賃金、バイオテクノロジーによって再生産労働を無化しようとしたが、現実においてその労働にたずさわるのは、インドの代理母たちかもしれないのだ。

では、これらの文化的表象を超えて、それらが抑圧したものに迫るような表象はあるだろうか？最後に検討したいのは、白井弓子の漫画『WOMBS』である。

五　戦う代理母たち、剰余としての再生産労働、そして連帯

舞台は碧王星という架空の星。ここに人類が移住しているのだが、第一次移民と第二次移民とのあいだでは長年にわたる戦争が行なわれていた。第一次移民の軍隊には女性だけで構成された特殊部隊がある。その部隊は碧王星の先住生物ニーバスの体組織を子宮に移植することで、ニーバスの能力である空間転送を行なえるようになった女性たち（転送兵）の部隊なのである。生物学的には異なる

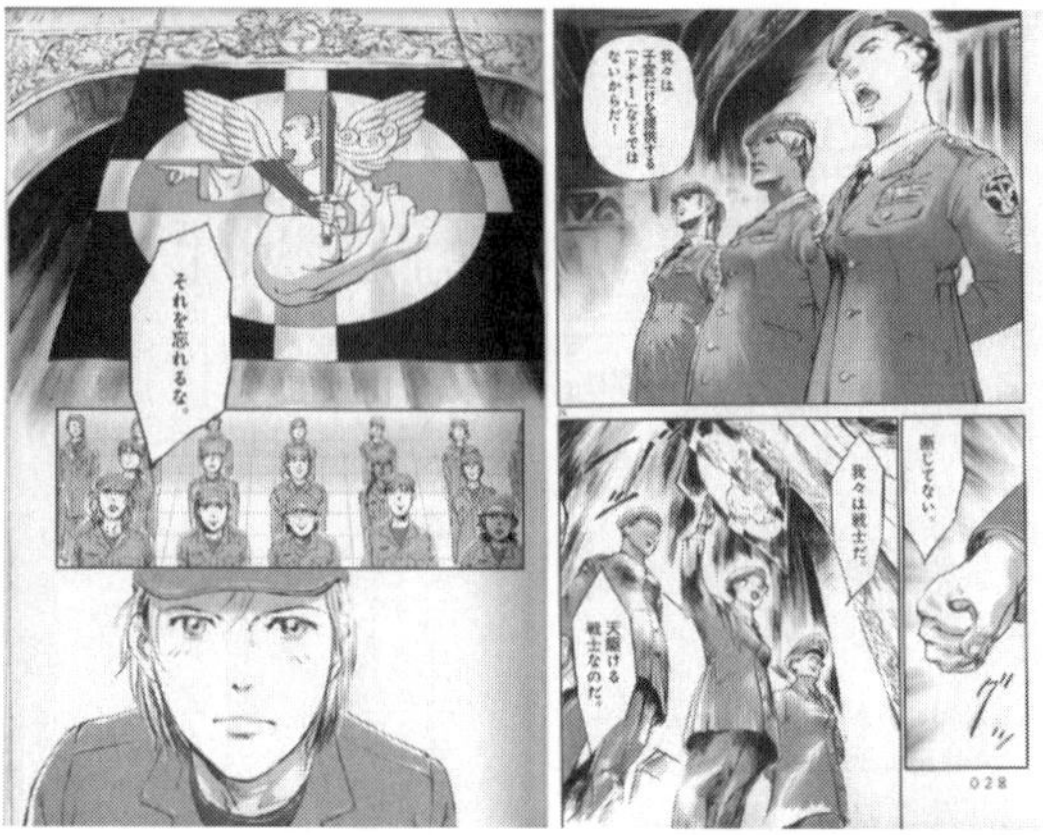

【図b】『WOMBS』第1巻より

ということが何度も強調されるが、彼女たちは妊婦そのものである。かつて、転送の技術が確立されるまでは、彼女たちは「人間爆弾」（自爆特攻部隊）として扱われていた。現在、彼女たちがまともな兵士として戦うことを可能にしているのは、ニーバスの胎児移植のバイオテクノロジーの発展のおかげである。主人公のマナ・オーガは転送兵として徴用され、戦争に赴くことになる。

以上が、『WOMBS』の基本設定であるが、この作品がもつ、不気味なまでの力をこのような無味乾燥な要約は伝えるものではない。その力はどこから生じているのだろうか？

まず重要なのは、『WOMBS』におけるバイオテクノロジーが、ここまで代理母出産に見いだしてきたような二重性をはらんでいるということだ。まずは、転送兵となるためのテクノロジーは、彼女たちにエンパワメントをもたらす。述べたように、かつて女性たちは人間爆弾として扱われていた。だが、転送技術の革新が、彼女たちに「天駆ける戦士」になることを可能にした【図b】。

だがその一方で、ニーバスの体組織の移植は、代理母たちにとっての人工授精のような意味をもつ。

同じ【図b】のなかで、主人公マナの上官たちが「我々は子宮だけを提供する『ドナー』などではないからだ！」と強調する台詞には、今や代理母たちの経験を知っているわたしたちは痛々しい響きを聞き取らざるをえないだろう。大野の聞き取り調査が示しているように、多くの代理母たちにとって、単に子宮を貸すのだと割り切ることは不可能である。それゆえに、たとえ体外授精型の代理母出産で、お腹の子と遺伝子的なつながりがないとしても、代理母は子に対する愛情を抱くようになり、場合によっては（ベビーM事件におけるように）子を手放すことができなくなってしまうのだ。また、代理母出産という「労働」は、ヴォラも述べているように、みずからの身体の総体に対するケアを必要とし、労働と労働する主体との区別がつかなくなるまで全身全霊をかけてその労働に打ちこむ代理母が、子宮を「貸す」といった感覚をもつことは不可能であろう（Vora, 37）。このことは、『WOMBS』の物語が進むにつれて、転送兵たちの「ナビ」（テレポーテーションをするための並行的な座標空間のなかで、転送兵を導いてくれる存在）が、自分の子どもとして想像されてしまい、転送兵によってはその子どもへの愛情によって精神と軍務に支障をきたしてしまうというエピソードに表現されている。転送兵たちは、お腹の「子ども」に愛情を抱いてしまうのだ。

さて、この二重性が、本論の文脈で意味することはもうあきらかだろう。転送兵たちは、代理母出産のおかげで解放されて「戦士」になれる女性たち、つまり第一世界の中産階級女性と同時に、彼女たちが外注する再生産労働を受けもつ第三世界の女性たち、代理母たちを同時に表象しているのだ。『WOMBS』は、『風の谷のナウシカ』や『ゴーン・ガール』が抑圧したものを、転送兵という圧縮された象徴のうちに回帰させている。この作品の不気味なまでの力の由来は、そこにある。

この不気味さのうちには、一種の剰余が生じているように感じられる。カリンディ・ヴォラが述べるように、代理母の労働の鍵は、賃金へと換算されない部分にある。代理母たちは他人の子どもを妊娠することにほとんど宗教的な意義を見いだし、また代理母同士のあいだには一種のシスターフッドの感覚が生まれるという（Vora, 127）。

これをイデオロギー的な代償、つまり商業的な代理母を行なうやましさを解消するための口実作りと考えるのは簡単である。そして、バイオ資本主義はそういった剰余をこそ搾取しているというのも事実である。

だが、わたしたちはこの剰余のうちに可能性を見る以外に道はないだろう。具体的には、代理母同士の連帯またはシスターフッドがいかに拡張されうるか——問いはそのように立てられるかもしれない。本論では、具体的に連帯がどう拡張されうるか——たとえば、代理母と依頼者女性との連帯はあり得るのか——を論じることはできない。ただ最後に、『WOMBS』はそのような可能性にさえ接近しようとする作品であることを示唆しておきたい。『WOMBS』の転送兵には第一世界女性と第三世界女性が渾然一体となって表現されていることは述べた通りである。だが、『WOMBS』はそれをさらに複雑化させる——ニーバスという原生生物の存在によって。詳しくは作品（とりわけ第五巻）にゆずるが、この作品は、転送兵たちと、ニーバスという人ならぬ者たちとの連帯によって驚くべき転回をなし遂げるのだ。この第三項の導入は、思い切った表現を使うなら、ユートピア的である。第一世界の依頼母と第三世界の代理母とのあいだの分離と対立の絶対的外部を、それは指し示すからである。再生産労働のグローバルな分業体制の外部へと、主人公マナ・オーガは「ジャンプ」するのだ。

物語の最後のマナのジャンプは、そのようなどこでもない場所《ユートピア》へのジャンプなのである。

●註

（1）基本文献としては、マリアローザ・ダラ・コスタ『家事労働に賃金を――フェミニズムの新たな展望』伊田久美子・伊藤公雄訳、インパクト出版会、一九九七年、Selma James, *Sex, Race, and Class — The Perspective of Winning: A Selection of Writings 1952-2011*. PM Press, 2012, Silvia Federici, *Revolution at Point Zero: Housework, Reproduction, and Feminist Struggle*. PM Press, 2012 を参照。

（2）さらに、生きていること自体が労働であるのだからそれに賃金を支払え、という主張まで拡大すると、これはベーシック・インカムの主張へと拡張できる。それに関して注目されるのは、一九六〇年代終わりからイギリスで組織され、その憲章でベーシック・インカムの主張を行なった「要求者組合」である。これについて詳しくは河野（『〈田舎と都会〉の系譜学』）第九章を参照。また、ベーシック・インカムの文脈でこの運動に注目し紹介したものとしては山森亮『ベーシック・インカム入門――無条件給付の基本所得を考える』光文社、二〇〇九年を参照。

（3）この主題と、以下の『風の谷のナウシカ』および『ゴーン・ガール』については、河野（『戦う姫、働く少女』）第四章を参照。そこにおいては、ここで「労働＝分娩《レイバー》なき生殖」と呼ぶものを「セックスなき生殖」と表現した。この後の代理母出産の問題を考えるとき、問題なのはセックスよりは労働としての妊娠出産であるので、このように表現を改めた。

（4）インドの代理母の現実をリポートしたものとしては、ギーター・アラヴァムダン『インドの代理母たち』鳥居千代香訳、拓殖書房新社、二〇一八年、松尾瑞穂『インドにおける代理出産の文化論――出産の商品化のゆくえ』風響社、二〇一三年を参照。インドにくわえてタイやヴェトナムでの聞き取り調査を元に生殖ツーリズムの現状を論じたものとしては日比野由利『ルポ　生殖ビジネス——世界で「出産」はどう商品化されているか』朝日新聞出版、二〇一五年を参照。『グーグル・ベイビー』には、イスラエル人のゲイカップルが主人公になっているという点で、イスラエルにおけるピンクウォッシング（イスラエルが同性愛者に対して寛容でリベラルな国であるという演出）と代理母出産の問題を示唆していて、その点でも興味深い。

◉引用・参考文献

Cooper, Melinda and Catherine Waldby. *Clinical Labor: Tissue Donors and Research Subjects in the Global Bioeconomy*. Duke UP, 2014.

Floyd, Kevin. "Automatic Subjects: Gendered Labour and Abstract Life." *Historical Materialism*, 24.2 (2016), pp. 61-86.

Fortunati, Leopoldina. *The Arcane of Reproduction: Housework, Prostitution, Labor and Capital*. 1981. Translated by Hilary Creek. Edited by Jim Fleming. Autonomedia, 1995.

Fraser, Nancy. "Feminism, Capitalism, and the Cunning of History." *Fortunes of Feminism: From State-Managed Capitalism to Neoliberal Crisis*. Verso, 2013. pp. 209-226.

Vora, Kalindi. *Life Support: Biocapital and the New History of Outsourced Labor*. U of Minnesota P, 2015.

チェスラー、フィリス『代理母——ベビーM事件の教訓』佐藤雅彦訳、平凡社、一九九三年。

河野真太郎『〈田舎と都会〉の系譜学——二〇世紀イギリスと「文化」の地図』ミネルヴァ書房、二〇一三年。

——.『戦う姫、働く少女』堀之内出版、二〇一七年。

宮崎駿『風の谷のナウシカ』全七巻、徳間書店、一九八三〜九五年。

ネグリ、アントニオ／マイケル・ハート『〈帝国〉――グローバル化の世界秩序とマルチチュードの可能性』水嶋一憲他訳、以文社、二〇〇三年。

大野和基『代理出産――生殖ビジネスと命の尊厳』集英社、二〇〇九年。

白井弓子『WOMBS』全五巻、小学館、二〇一〇～一六年。

海野つなみ『逃げるは恥だが役に立つ』全九巻、二〇一三～一七年。

◉映像作品

Dir. Zippi Brand Frank, *Google Baby* (2009) https://www.youtube.com/watch?v=pQGlAM0iWFM

越智 博美（おち　ひろみ）

アメリカ文学／専修大学教授／お茶の水女子大学大学院博士課程修了／博士（人文科学）／著書に『モダニズムの南部的瞬間――アメリカ南部詩人と冷戦』（研究社、2012年）、『ジェンダーにおける「承認」と「再分配」――格差、文化、イスラーム』（編著書、彩流社、2015）、翻訳にコーネル・ウェスト『民主主義の問題』（共訳、法政大学出版会、2014）他。

坂 なつこ（さか　なつこ）

スポーツ社会学／一橋大学社会学研究科教授／立命館大学大学院博士後期課程単位取得満期退学／博士（社会学）／主要業績：「ノルベルト・エリアスにおけるサバイバルユニットとスポーツ」（一橋大学スポーツ研究、2018年）、「スポーツにあらわれる境界：アイルランドとイギリス」（現代スポーツ評論、2012年）『越境するスポーツ』（共著、創文企画、2008年）。

柏崎 順子（かしわざき　じゅんこ）

日本近世文学、近世初期出版史／一橋大学大学院法学研究科教授／主要業績:『増補松会版書目』（編、青裳堂書店、2009年）、「江戸版考　其三」『人文・自然研究』4号所収（一橋大学教育開発センター、2010年）、「初期出版界と古浄瑠璃」『言語文化』第50号所収（一橋大学語学研究室、2013年）、「江戸版からみる十七世紀日本」『書箱の宇宙　広がりと体系』（鈴木俊幸編）所収（平凡社、2015年）。

早坂 静（はやさか　しずか）

アメリカ文学／一橋大学法学研究科准教授／主要業績：「リベラル・リアリズムとしてカーヴァーの短編小説を読む」（井川ちとせ・中山徹編著『個人的なことと政治的なこと――ジェンダーとアイデンティティの力学』所収、彩流社、2017年）、「アメリカン・アダムと戦後――ティム・オブライエンのヴェトナム戦争記述におけるリベラリズムとジェンダー」（三浦玲一との共編著『ジェンダーと「自由」――理論、リベラリズム、クィア』所収、彩流社、2013年）、"Nuclear Deterrence, Democracy, and the Cold War in Tim O'Brien's *The Nuclear Age*." Hitotsubashi Journal of Arts and Sciences 52 (2011).

南 裕子（みなみ　ゆうこ）

社会学（現代中国社会論）／一橋大学大学院経済学研究科准教授／慶應義塾大学大学院社会学研究科後期博士課程単位取得退学／主要業績：『中国の「村」を問いなおす――流動化する農村社会に生きる人びとの論理』明石書店、2019年（閻美芳との共編著）、「現代中国における農村女性の個人化とジェンダー問題」（井川ちとせ・中山徹編著『個人的なことと政治的なこと――ジェンダーとアイデンティティの力学』所収、彩流社、2017年）。

河野 真太郎（こうの　しんたろう）

イギリス文学・文化／専修大学教授／博士（学術）／著書に『〈田舎と都会〉の系譜学――二〇世紀イギリスと文化の「地図」』（ミネルヴァ書房、2013年）、『戦う姫、働く少女』（堀之内出版、2017年）、共編著に『文化と社会を読む　批評キーワード辞典』（研究社、2013年）、『終わらないフェミニズム――「働く」女たちの言葉と欲望』（研究社、2016年）など、訳書にトニー・ジャット『20世紀を考える』（みすず書房、2016年）など。

◉編著者

川本 玲子（かわもと　れいこ）

英米文学（20 世紀小説、物語論）／一橋大学大学院言語社会研究科准教授／東京大学大学院人文社会系研究科英語英米文学専門分野博士課程単位取得退学／主要業績:「フォード・マドックス・フォード『善き兵士』（一九一五）——信頼できない語り手と印象主義」（高橋和久・丹治愛編著『20 世紀「英国」小説の展開」所収、松柏社、2020 年）。「認知をめぐる寓話——村上春樹『螢』を読む」（西田谷洋・浜田秀編『認知物語論の臨界領域』所収、ひつじ書房、2012 年）。

◉執筆者（掲載順）

小岩 信治（こいわ　しんじ）

音楽学／一橋大学大学院言語社会研究科教授／東京藝術大学大学院音楽研究科博士課程単位取得退学・ベルリン芸術大学博士課程修了／主要業績：『ピアノ協奏曲の誕生』（春秋社、2012 年）。Das Klavierkonzert um 1830: Studien zur formalen Disposition（1830 年前後のピアノ協奏曲 その形式の考察）, Sinzig: Studio, 2003.『ピアノを弾く身体』（共著、岡田暁生監修、春秋社、2003 年）、「時空を越えた「デビュー用ピアノ協奏曲」——東京音楽学校におけるフンメルの《協奏曲》イ短調　作品八五」『東京藝術大学音楽学部紀要 』（第 29 集所収、2004 年）。

小泉 順也（こいずみ　まさや）

西洋近代美術史／一橋大学大学院言語社会研究科教授／論文に「エドガー・ドガとオペラ」（『《悪魔のロベール》とパリ・オペラ座』所収、上智大学出版、2019 年）、「女性コレクターは現れなかったのか」（井川ちとせ・中山徹編著『個人的なことと政治的なこと——ジェンダーとアイデンティティの力学』所収、彩流社、2017 年）など。ギィ・コジュヴァル『ヴュイヤール』（創元社、2017 年）を翻訳監修。